Le coaching pédagogique

Comment vaincre les difficultés scolaires

Karim MOUZOUNE

Le coaching pédagogique

Comment vaincre les difficultés scolaires

© L'Harmattan, 2010
5-7, rue de l'Ecole polytechnique ; 75005 Paris

http://www.librairieharmattan.com
diffusion.harmattan@wanadoo.fr
harmattan1@wanadoo.fr

ISBN : 978-2-296-12500-1
EAN : 9782296125001

Remerciements

Je tiens à remercier mes enfants Inès et Majdi-Alexandre qui ont accepté de se faire coacher par leur père et contribué à la réalisation de certains dessins figurant dans cet ouvrage. Ma gratitude va à Nathalie Nanzer pour son soutien et ses conseils scientifiques.

Mes vifs remerciements s'adressent aussi aux apprenants, enseignants, parents et autres professionnels de l'enseignement sans qui ce livre ne se serait pas fait. La mise en pratique, avec eux, d'outils du coaching pédagogique ont enrichi cet ouvrage d'exemples dans lesquels les lecteurs pourront se reconnaître, trouver des explications voire des solutions à leurs difficultés d'apprendre, de transmettre, d'accompagner, d'aider et de soutenir. Merci à tous pour les riches moments d'échanges et de partage.

Sommaire

REMERCIEMENTS 7
INTRODUCTION 11
CHAPITRE 1 15
APPROCHE THEORIQUE, OBJECTIFS ET ENVIRONNEMENT DU COACHING PEDAGOGIQUE 15
    1. Notion et objectifs du coaching pedagogique 16
        1.1. Le coaching de l'apprenant *17*
        1.2. Le coaching des enseignants et formateurs *23*
        1.3. Le coaching des parents *24*
    2. Les qualités exigées des acteurs du coaching pédagogique 25
        2.1. Le coaché : motivation et engagement *26*
        2.2. Le coach et sa démarche qualité *28*
    3. Schema directeur du coaching pedagogique 31
    4. Conclusion 33

CHAPITRE 2 35
LA PNL COMME OUTIL D'ACCOMPAGNEMENT PEDAGOGIQUE 35
    1. Les postulats de la PNL 37
        1.1. Les présuppositions de la PNL *38*
        1.2. Outils de la PNL *48*
    2. Apprendre a apprendre avec la PNL : illustrations pratiques 63
        2.1. Premier cas *63*
        2.2. Deuxième cas *70*
        2.3. Troisième cas *74*
    3. Conclusion 82

CHAPITRE 3 83
L'EXPLICITATION EN COACHING PÉDAGOGIQUE 83
    1. L'explicitation : specificites et pratiques d'une technique 83
        1.1. Les concepts de l'entretien d'explicitation *84*
        1.2. Les objectifs de l'explicitation *92*
        1.3. Les modalités des entretiens d'explicitation *93*
    2. L'application de l'entretien d'explicitation dans le domaine pedagogique 95
        2.1. Premier exemple *96*
        2.2. Deuxième exemple *104*
    3. Conclusion 110

CHAPITRE 4 111
L'ART DES MÉTAPHORES EN COACHING PÉDAGOGIQUE 111

1. Processus de construction des metaphores 112
    1.1. Construction et structures de la métaphore 112
    1.2. Types de métaphore et leurs logiques 114
    1.3. Les modèles de construction de la métaphore 115
    1.4. Les véhicules métaphoriques 120
    1.5. La métaphore et le cycle de vie 123
2. Exemples d'utilisation de la metaphore pedagogique 125
    2.1. Premier exemple : la métaphore de Tom Sawyer l'astronaute 126
    2.2. Deuxième exemple : la métaphore du train 129
3. Conclusion 133

CHAPITRE 5 135

LA GESTION MENTALE DANS LA PRATIQUE PÉDAGOGIQUE 135

1. Principe de base de la gestion mentale : l'evocation 136
    1.1. La notion d'évocation 137
    1.2. La relation évocation-attention 141
2. Les habitudes evocatives et leur cheminement 142
3. Les gestes mentaux 144
    3.1. Le geste d'attention 144
    3.2. Le geste de mémorisation 146
    3.3. Le geste de compréhension et de réflexion 147
    3.4. Le geste d'imagination 149
4. Les applications pedagogiques de la gestion mentale 149
    4.1. Premier cas 150
    4.2. Deuxième cas 153
5. Conclusion 156

CONCLUSION GÉNÉRALE 159

GLOSSAIRE 161

BIBLIOGRAPHIE 167

Introduction

*Désormais nous avons une raison de vivre :
apprendre, découvrir, être libre.*
Richard Bach

Apprendre consiste à acquérir des savoirs, des habiletés et des attitudes qu'on ne possède pas au départ. Lors de son parcours d'apprentissage, l'apprenant peut rencontrer des difficultés permanentes ou occasionnelles, spécifiques à une discipline ou générales. Il peut les surmonter totalement ou partiellement, comme il peut se trouver impuissant et subir un échec scolaire ou professionnel.

L'école, en tant que lieu d'apprentissage, rassemble dans les classes des élèves semblables et différents. Semblables au niveau de l'âge et des intérêts liés à l'enfance, mais souvent différents dans leur rapport à l'école et aux apprentissages. Et si certains d'entre eux, en phase avec la culture scolaire, sont disponibles aux apprentissages, demandeurs de savoirs, soutenus et encouragés et par conséquent obtiennent de bons résultats tout au long de leur scolarité, d'autres par contre, rencontrent des difficultés pour atteindre les objectifs fixés. Ces difficultés se manifestent par des notes insuffisantes ou par des comportements jugés inadaptés : passivité, inactivité, absences, agitation, agressivité, voire violence.

Les problèmes d'apprentissage repérés, mesurés puis comparés conduisent à certaines décisions envers l'élève concerné : du « devoir à revoir » à l'orientation en structures spécialisées en passant par l'aide, le soutien ou le redoublement.

L'apprenant en difficulté ou en échec scolaire est troublant pour l'enseignant qui s'interroge : « *Pourquoi ce qui fonctionne avec le plus grand nombre n'a t-il pas de prise sur cet élève-ci ?* », « *Qu'est-ce qui fait que celui-ci ou celle-là n'arrive pas à se concentrer, semble peu motivé, fatigué, n'arrête pas de bouger, est toujours dans la lune? Qu'est-ce qui l'empêche d'apprendre ?* ».

Les élèves au cycle et au lycée, les étudiants dans les universités ou hautes écoles supérieures comme les adultes en formation peuvent aussi rencontrer des difficultés d'apprentissage aux conséquences complexes tant sur le plan des études que sur celui de la carrière professionnelle qui en découlera. Savoir se fixer des objectifs, clarifier ses choix professionnels, choisir une carrière qui convienne à sa personnalité sont autant d'étapes primordiales que le coach peut aider à franchir.

Le coaching pédagogique intervient au moment où les difficultés d'apprentissage apparaissent. Il permet de répondre à ces questions et rassurer les acteurs de la scolarité (apprenants, enseignants, parents) qu'un accompagnement sur mesure à la fois structuré et méthodique permettant d'améliorer l'acquisition des connaissances est possible. Il accompagne donc les processus d'apprentissage : comment appréhendons-nous la nouveauté ? Dans quel but apprenons-nous ? Que faisons-nous de nos connaissances ? Comment sommes-nous habiles à les restituer ? Au nom de quoi transmettons-nous ce que nous savons ?

Le coaching pédagogique s'adresse aux élèves de l'école primaire ou secondaire, aux étudiants et à tout autre apprenant suivant des études choisies ou des formations imposées. Il n'est pas un « répétitoire » car il s'intéresse d'abord aux stratégies d'apprentissage. Quelle que soit la difficulté rencontrée, ancienne ou récente, légère ou « insurmontable », il est toujours possible d'améliorer sa façon d'apprendre.

Le coaching pédagogique porte aussi sur la manière de transmettre. Dans ce cas, enseignants et parents sont directement concernés. En effet, l'accompagnement permet aux enseignants d'améliorer leur façon de transmettre les savoirs, d'élever la qualité des échanges avec leurs élèves et de rester motivés dans l'accomplissement de leur tâche.

Quant aux parents souvent désorientés, angoissés et impuissants face aux difficultés scolaires rencontrées par leurs enfants, le coaching pédagogique va les aider à trouver la façon de les accompagner, de les soutenir, de leur montrer comment apprendre, travailler une matière ou faire un devoir. Il leur permettra également de mieux connaître et comprendre le mode de fonctionnement et les aptitudes scolaires de leur enfant. Cela évitera aux parents de transmettre leur angoisse de l'échec à l'enfant, angoisse qui se traduit chez ce dernier par le refus de faire les devoirs à la maison, d'être aidé par ses parents ou d'aller à l'école.

Le coaching pédagogique reposent sur différentes méthodes d'accompagnement et le choix d'une technique plutôt qu'une autre dépend de l'âge du coaché, sa fonction, ses difficultés, sa demande, ses attentes et ses objectifs. Ainsi, nous avons adopté quatre principales techniques : la PNL, l'entretien d'explicitation, la métaphore et la gestion mentale.

La PNL permet, grâce à la sollicitation du système sensoriel, de saisir et de modifier la manière dont les individus apprennent, communiquent, changent et se développent. L'entretien d'explicitation assure le passage du processus du faire à celui de dire. A travers la verbalisation, on comprend comment une personne s'est prise pour concevoir son action et pour agir ; cela rend aussi intelligible ce qui a pu faire problème. Dans certains cas, on recourt à la métaphore qui aide à conceptualiser ce qui ne peut pas être compris par la désignation (ou la connotation stricte). Cette technique rend l'implicite plus explicite et stimule l'imagination de l'apprenant comme celle de l'enseignant. Enfin, la gestion mentale permet à l'apprenant de découvrir son mode de fonctionnement mental et de l'adapter aux tâches scolaires qui lui sont demandées. Elle lui donne des pistes pour mieux comprendre et faire évoluer ses façons d'apprendre.

Des méthodes d'intervention, comme par exemple la PNL et la gestion mentale, ne sont pas choisies dans le but de les confronter, de les opposer, de les juxtaposer, mais parce qu'elles s'inscrivent dans une quête de cohérence entre Pratique – Théorie -Intervention – Réflexion, le tout au service du coaché qui cherche à potentialiser ses compétences pour améliorer son savoir-être, son savoir-faire et son savoir faire-faire.

Dans ce livre, nous abordons en premier lieu la notion de coaching pédagogique. Ensuite, nous expliquons les techniques et outils utilisés en nous appuyant sur la description et l'analyse d'expériences de coaching avec les apprenants, enseignants et parents.

Cet ouvrage est destiné aux professionnels de l'enseignement, aux apprenants de tous âges et aux parents. Il leur permettra, grâce aux outils d'accompagnement, de bien identifier et comprendre les difficultés d'apprentissage afin d'agir sur elles dans une dynamique de succès.

Chapitre 1

Approche théorique, objectifs et environnement du coaching pédagogique

> *Il n'est pas de bonne pédagogie qui ne commence par éveiller le désir d'apprendre.*
> François De Closet, *Le bonheur d'apprendre*

Face aux difficultés scolaires rencontrées par l'élève, parents, enseignants, éducateurs et psychologues agissent afin d'accompagner l'apprenant dans son insertion ou réinsertion dans le système scolaire. Leurs rôles peuvent être complémentaires ou dichotomiques, mais ils ont besoin les uns des autres pour comprendre, aider et soutenir l'enfant qui manifeste de l'angoisse à l'égard de l'apprentissage ou de la phobie de l'école. Les problèmes d'apprentissage se manifestent également chez les adultes engagés dans un processus de formation.

En réponse à ces difficultés, les actions se multiplient. Certaines sont axées sur les facteurs internes liés à l'apprenant qui sont d'ordre cognitif, conatif, électif et affectivo-social, d'autres sur les facteurs externes à savoir l'environnement dans lequel il se meut et évolue, qu'il soit familial, social ou scolaire.

Sur le plan pédagogique, les difficultés s'étendent aussi aux enseignants qui s'interrogent quelquefois sur leur façon d'enseigner et touchent des parents qui se posent des questions sur la manière d'aider leur enfant à faire ses devoirs ou à surmonter des obstacles dans telle ou telle discipline.

Dans ce chapitre, nous définissons la notion de coaching pédagogique avant de nous intéresser à ses objectifs en lien avec la demande des coachés, à ses acteurs et à son schéma directeur.

1. Notion et objectifs du coaching pédagogique

Le coaching pédagogique est l'accompagnement d'une personne en vue d'améliorer sa manière d'apprendre ou de transmettre les connaissances. Il s'intéresse aux processus d'actions et aux ressources propres à chaque individu. Il vise à développer la réflexivité en vue d'un changement de comportement et à optimiser le potentiel du coaché. Il aide enfin le coaché à se motiver, à organiser son travail et son temps d'apprentissage, à valoriser et faire apprécier ses compétences, à avoir confiance en lui et à gérer son stress.

La démarche du coaching pédagogique se déroule dans « l'ici et maintenant », traite des actes et pensées conscientes, permet de fixer des objectifs et les moyens pour les réaliser. C'est une démarche qualité focalisée sur le changement désiré et orientée vers le futur.

> *Le coaching pédagogique constitue un lieu pour dire et s'écouter ainsi qu'un temps d'expression et de stimulation pour agir*

Le coaching pédagogique s'adresse à trois groupes d'acteurs : les apprenants (enfants, jeunes ou adultes), les professionnels de l'enseignement et les parents. En effet, il est destiné à l'apprenant qui manifeste le besoin de structurer son apprentissage et ses interactions avec son enseignant avec comme objectif de susciter le désir d'apprendre, de stimuler ses compétences, d'améliorer sa manière d'acquérir les connaissances et de réussir son cursus scolaire ou sa formation. Il concerne également les professionnels de l'enseignement soucieux de la manière de transmettre les connaissances et les parents qui se trouvent souvent en difficulté quand ils aident leurs enfants sur le plan scolaire.

A chaque demande d'acteur correspond un type d'accompagnement qui peut être un coaching de résolution ou de développement. Olivier Devillard[1] définit ces types d'intervention de la façon suivante :

➢ le coaching de résolution est adopté lorsque la personne est confrontée à ses limites, à son efficacité, à ses relations, à son stress, à sa communication, et qu'il s'agit d'un problème ponctuel ou récurrent.

---
[1] Olivier DEVILLARD, *Coacher*, Paris, Dunod, 2005.

Dans cette démarche, les valeurs, les besoins, les désirs, les perceptions, les croyances du coaché sont décryptés ;
➢ le coaching de développement : l'action y est centrée sur une situation cible et l'objectif est le développement des meilleurs moyens pour atteindre la cible. Il s'agit dans ce cas d'analyser la situation, les enjeux, les obstacles et les points d'appui.

Les groupes de coachés formulent des demandes d'intervention souvent différentes, c'est pourquoi nous examinons séparément le coaching de l'apprenant, des enseignants et formateurs et des parents.

1.1. Le coaching de l'apprenant

Le coaching pédagogique permet à l'enfant ou à l'adulte d'apprendre à apprendre, c'est-à-dire d'apprendre de mieux en mieux, de prendre un temps de recul sur soi-même, sur sa façon de travailler, de se motiver et de s'organiser pour être plus efficace. Il s'agit aussi de coacher l'apprenant à partir de sa demande afin de développer son potentiel et son savoir-faire. Les demandes de coaching formulées par l'apprenant se situent au niveau du vécu et portent sur les thèmes suivants :

> ➢ difficultés avec une matière comme l'histoire et les mathématiques par exemple ;
> ➢ problèmes de mémorisation ;
> ➢ problèmes de concentration et d'attention ;
> ➢ problèmes de raisonnement ;
> ➢ problèmes de confiance en soi ;
> ➢ problèmes d'organisation (gestion du temps et du travail scolaire) ;
> ➢ problèmes relationnels avec les enseignants, les pairs, les parents, etc. ;
> ➢ gestion du stress et des émotions (angoisse, peurs, tracs) ;
> ➢ manque de motivation ;
> ➢ difficultés à se projeter dans l'avenir ou absence d'objectifs ;
> ➢ difficultés à choisir une orientation scolaire ou professionnelle ;
> ➢ problèmes de comportement ;
> ➢ difficultés à étudier, à faire ses devoirs ;
> ➢ manque d'intérêt à l'égard d'une matière ;
> ➢ manque d'autonomie ;
> ➢ manque d'imagination et d'inventivité ;
> ➢ travailler de nombreuses heures sans obtenir de bons résultats ;

> ➤ réticence à aller à l'école ;
> ➤ comment préparer un examen ;
> ➤ comment gérer la panique lors d'une épreuve ;
> ➤ comment faire un exposé ;
> ➤ comment gérer le temps lors d'un examen ;
> ➤ doutes sur ses compétences ;
> ➤ etc.

L'accompagnement de l'apprenant en situation de difficultés d'apprentissage consiste à l'aider à :

- parler des questions liées à l'environnement scolaire : le déroulement des cours, ses rapports avec ses enseignants, les autres élèves de la classe, etc. ;
- cerner son mode de fonctionnement en termes d'émotion, de confiance en soi, de système perceptif dominant (améliorer son savoir-être) ;
- identifier le type de difficulté et les matières concernées ;
- parler des conditions de déroulement des cours dans lesquels il rencontre des difficultés : horaires, contenu, manière de donner le cours par l'enseignant, l'état d'esprit de l'apprenant lors de ces cours, etc. ;
- réaliser de manière structurée les tâches scolaires grâce à l'adoption d'une organisation et d'une méthodologie de travail efficaces (développer son savoir-faire), notamment par la tenue de ses pages de cours et la gestion de son temps et de son espace de travail ;
- s'adapter aux exigences formelles de l'école ;
- activer ses connaissances antérieures, à établir des liens avec les nouvelles connaissances et à transférer les acquis de son apprentissage en situation réelle[2] ;
- adopter une démarche de « transformateur de soi-même », c'est-à-dire une démarche vers l'autonomie. A l'apprenant donc de proposer une manière d'apprendre, de se prendre en charge et de réaliser les changements qui lui correspondent. Il appartient au coach de rester à disposition du coaché, tout en faisant, le cas échéant, des propositions, en confrontant le coaché à ses habitudes, à sa manière de voir et de percevoir ses difficultés. Cette autonomie va permettre à l'apprenant d'adopter les attitudes, les comportements qui lui permettent de fonctionner au mieux pour lui-même, en interdépendance avec les autres dans l'environnement scolaire, familial et social ;
- entreprendre, agir et s'impliquer ;

---

[2] Louise LAFORTUNE et Colette DEAUDELIN, *Accompagnement socioconstructiviste : pour s'approprier une réforme en éducation*, Québec, PUQ, 2001.

- comprendre les sujets traités qu'ils soient de l'ordre du verbal (monde des idées) ou du signo-conceptuel (les mathématiques) ;
- mémoriser et à être attentif ;
- restituer au mieux les informations lors d'un contrôle scolaire ;
- renforcer son estime de soi ;
- gérer son stress et ses émotions ;
- organiser son temps et les tâches à accomplir ;
- fixer des objectifs de réussite précis, mesurables et datés en répondant aux questions : qu'est-ce qui est attendu de moi et comment vais-je atteindre les objectifs attendus ?
- identifier ses ressources et compétences aidantes ;
- relever ses croyances limitantes ;
- se motiver, notamment en suscitant chez lui le désir d'apprendre ;
- effectuer une auto-évaluation des résultats obtenus ;
- envisager le futur, notamment scolaire quand une orientation est prévue.

A propos du désir d'apprendre, il est suscité par la curiosité, la motivation. Plus l'apprenant est impliqué, plus il se pose des questions avec l'envie de comprendre. Quand il y a ce désir, la mémoire enregistre mieux, que ce soit au moment où il apprend ou au moment où il réutilise ses connaissances, lors d'un examen par exemple.

L'envie d'apprendre est un antidote à l'ennui. Il change le regard que l'on porte sur les autres et sur ce qu'on apprend, mais aussi le regard des autres sur soi. Alain Giordan et Jérôme Saltet (2007, p. 24) distinguent le « bon ennui » du « mauvais ennui ». Le « bon ennui » est propice à la rêverie, à la recherche de soi-même, de son identité. Il est utile pour laisser vagabonder son esprit et développer son imaginaire, ou encore pour réduire le stress. Le « mauvais ennui », c'est quand on tourne en rond, que l'on s'énerve, que son esprit est bloqué. Ces auteurs relèvent qu'une chose obligatoire ou sérieuse n'est pas forcément ennuyeuse. Il existe aussi des choses motivantes, mais qui ne sont pas forcément « *fun* ».

Le type de savoir, la curiosité, la motivation, la confiance en soi, l'envie de découvrir, de combler un manque de connaissance, de se sentir autonome peuvent enclencher le désir d'apprendre.

En somme, l'accompagnement pédagogique de l'apprenant s'intéresse aux difficultés de ce dernier, à ses affects, à ses attentes, à ses interactions, à son image de soi.

Figure 1.   Accompagnement sur le chemin de l'apprentissage

Il vise à donner du sens aux situations, aux émotions, aux attitudes sur la base de la propre expérience du coaché qui est acteur de sa propre évolution.

Le coaching pédagogique ne correspond pas à une action thérapeutique déguisée où l'apprenant livrerait ses états d'âme. Il s'agit d'une action à la fois structurée et méthodique inscrite dans une dynamique de réussite. Cette action, focalisée sur le changement possible, se construit sur une durée au cours de laquelle l'apprenant acquiert un savoir-faire et un savoir-être transposable à sa situation d'élève.

L'accompagnement pédagogique, axé sur l'action, ne peut être dissocié des facteurs d'activation des processus d'apprentissage de l'apprenant. Ces facteurs sont à la fois endogènes et exogènes comme le montre la figure suivante :

Figure 2. Facteurs d'activation du processus d'apprentissage

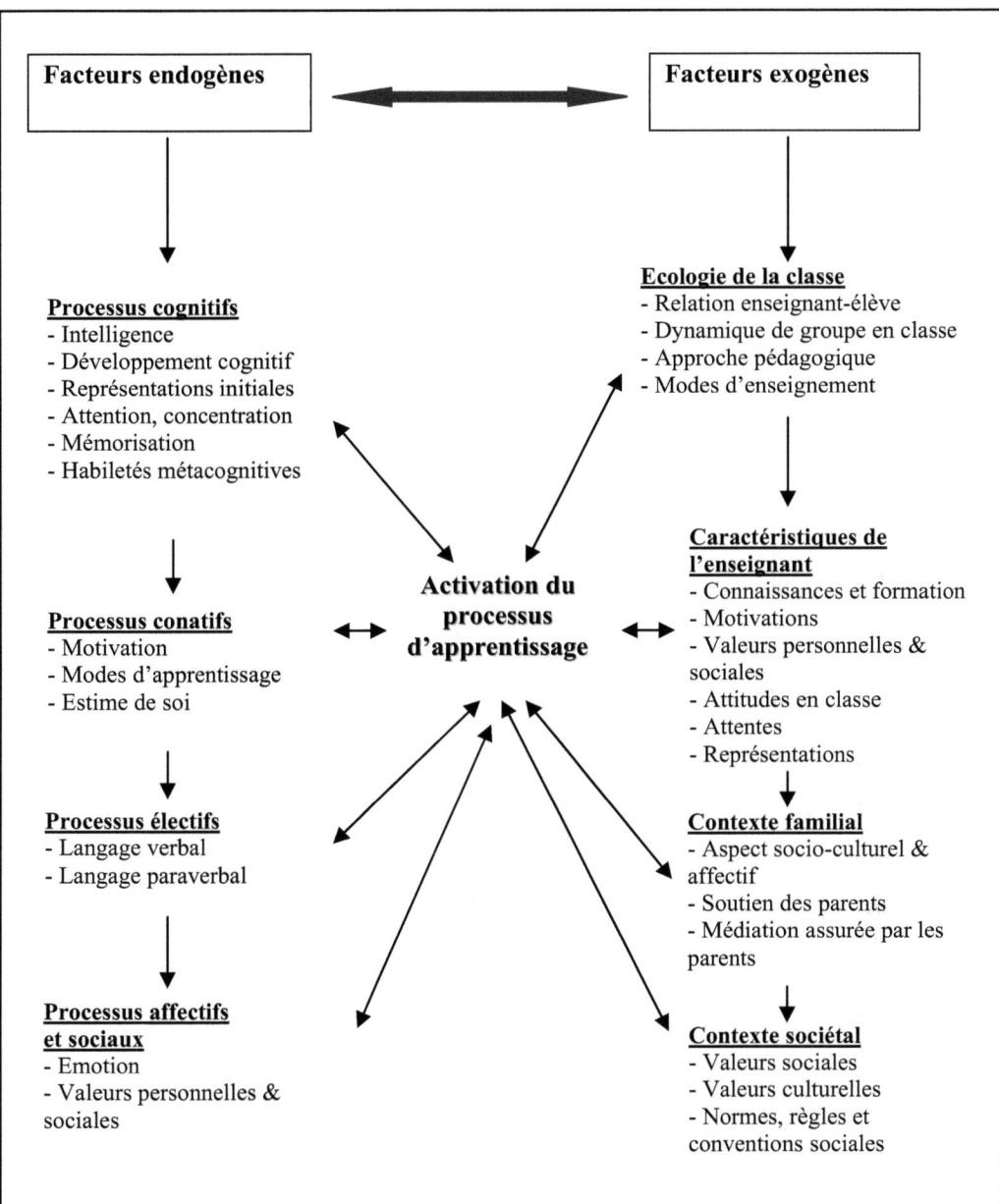

Pour apprendre, l'apprenant met en œuvre quatre processus différents[3] :

- les processus cognitifs se réfèrent à l'intelligence « biologique », à la richesse du substrat neuronal, richesse qui s'acquiert au cours des premières années du développement à travers l'activité ludique et les interactions du tout petit avec son environnement. Développer ses capacités cognitives, c'est savoir clarifier une situation, résoudre un problème et traiter l'information, savoir prendre des notes, résumer, rendre compte, mémoriser, partager et formaliser, mais également explorer, innover, chercher, découvrir, créer et entreprendre pour se former ;
- les processus conatifs recouvrent les notions de motivation et de disponibilité psychique. La motivation ou « le désir de » est lié, pour un élève par exemple, à son statut d'enfant au sein de sa famille. Un enfant « objet » ou « spectateur » sera moins motivé que l'enfant « sujet » ou « acteur ». En classe, l'enfant qui ne s'autorise pas à aller de l'avant aura toujours besoin que l'autre lui permette d'agir. Ainsi, développer les capacités personnelles de l'enfant c'est lui apprendre à gérer ses efforts, son implication, ses émotions, son temps, sa motivation pour entretenir, renforcer ou réactiver son désir d'apprendre et faire émerger et valoriser son projet auprès des autres ;
- les processus électifs de base de l'apprentissage sont le langage verbal et / ou paraverbal. Lorsqu'un enfant par exemple n'a pas développé le langage, il aura des difficultés en lecture ;
- les processus affectifs et sociaux concernent les émotions et les valeurs personnelles et sociales. Ils suscitent le désir d'apprendre, motivent, permettent d'opérer des choix et incitent à penser l'avenir.

Afin d'expliquer le fonctionnement cognitif de l'enfant en situation de difficulté d'apprentissage, le socio-constructivisme met en évidence l'idée qu'il est nécessaire de passer d'une « psychologie binaire » basée sur l'interaction individu-tâche à une « psychologie ternaire » axée sur l'interaction individu-tâche-Autrui (pairs). Le développement de l'enfant ne peut pas être considéré comme indépendant de l'apprentissage et l'apprentissage ne peut pas être seulement une relation « privée » entre un enfant et un objet (Lev S. Vygotski (1985)[4]). Les variables sociales sont consubstantielles aux processus d'apprentissage et tout développement de l'enfant résulte des apprentissages,

---

[3] Jean-Luc AUBERT, *Une petite psychologie de l'élève*, Paris, Dunod, 2007.
[4] Lev Semenovich VYGOTSKI, *Le problème de l'enseignement et du développement mental à l'âge scolaire*, in B. Shneuwly & J.P. Bronckart (Eds.), 1985.

grâce à l'effet des mécanismes interindividuels sur les mécanismes intra-individuels (2001)[5]. Lev Vygotski distingue deux situations :

- celle où l'apprenant peut apprendre et accomplir seul certaines activités ;
- celle où l'apprenant peut apprendre et réaliser une activité avec l'appui d'une autre personne. Celle-ci détermine sa « capacité potentielle de développement » ;
- entre ces deux situations se situe la « zone proximale de développement » (ZPD) dans laquelle l'individu peut progresser grâce à l'appui de l'autre.

L'enfant en difficulté ou en échec ne fait qu'exprimer un symptôme. Il manque d'outils psychiques (affectifs, éducatifs, culturels, sociaux) qui lui permettent d'apprendre au même rythme que les autres. Plus que les autres, cet enfant-là est sensible au regard porté sur lui. Il importe en particulier de ne pas le stigmatiser par des propos disqualifiants ou à caractère péjoratif : il est « *fainéant* », « *stupide* », « *méchant* », « *arriéré mental* », etc. Cela ne peut contribuer qu'à renforcer ses défenses qui sont déjà très lourdes.

Le coach pédagogique aide l'apprenant à progresser, à évoluer en libérant son potentiel, en travaillant sur ses compétences pour une réussite et un mieux-être à l'école avec moins de stress, moins de souffrance, mais avec plus de relations et plus de plaisir d'apprendre.

1.2. Le coaching des enseignants et formateurs

L'accompagnement pédagogique s'adresse aux enseignants et formateurs qui manifestent des difficultés dans la transmission des connaissances. Ces enseignants s'interrogent quelquefois sur leur façon d'enseigner quand ils constatent qu'une partie de leurs élèves ne suit pas en classe, se désintéresse de l'école ou manque de motivation. Les questions récurrentes sont : « *Est-ce que mon cours est ennuyeux ou difficile à comprendre par les élèves ?* », « *Est-ce que je fais peur aux élèves ?* », « *Comment rendre mon cours plus intéressant ou plus attractif ?* », « *Comment capter l'attention des élèves ?* », « *Comment susciter chez les élèves l'envie d'apprendre ?* ».

Les demandes de coaching exprimées par les enseignants et formateurs s'articulent autour des questions suivantes :

---

[5] Jean-Paul ROUX, *Socio-constructivisme et apprentissages scolaires*, Document, IUFM d'Aix-Marseille, 2001.

> - comment mieux transmettre les connaissances ;
> - comment donner du plaisir à apprendre aux élèves en difficultés ;
> - comment transmettre efficacement les consignes ;
> - comment aider les élèves à gérer le stress des examens ;
> - comment améliorer la qualité des échanges avec les élèves ;
> - comment captiver l'attention des élèves ;
> - comment se faire respecter et maintenir la discipline en classe ;
> - comment résoudre les conflits en classe ;
> - comment gérer les relations avec les parents ;
> - comment organiser son temps et son cours ;
> - comment faciliter les échanges avec ses pairs ;
> - comment avoir confiance en soi ;
> - etc.

Pour ces professionnels de l'enseignement, les objectifs du coaching pédagogique consistent à les faire progresser, à les rendre plus efficaces, à valider leurs compétences, à compléter leur savoir pédagogique, à améliorer leur communication, à partager leurs préoccupations, à résoudre une situation de conflit, à pratiquer une autorité conviviale. En gros, il leur permettra d'élaborer de nouvelles stratégies psychopédagogiques destinées à améliorer les conditions d'acquisition des connaissances de leurs apprenants.

1.3. Le coaching des parents

Le coaching pédagogique intéresse les parents qui s'interrogent sur la manière d'aider leur enfant à faire ses devoirs ou à surmonter des difficultés dans telle ou telle matière. Combien de fois n'a-t-on pas entendu des parents dire : « *A chaque fois que je lui dis de faire ses devoirs, mon enfant pique une crise de nerf ou pleure* ». « *Quand je lui demande s'il a des devoirs à faire, il me répond que non et s'enferme dans sa chambre* ». « *Quand je l'aide à faire ses devoirs, il m'arrive de le gronder car il ne fait pas attention à ce que je lui explique. Alors, il commence à crier, pleurer et je finis par abandonner.* ». Les demandes de coaching des parents portent sur les interrogations suivantes :

> - comment aider mon enfant qui a des difficultés dans une matière ;
> - comment réagir face à l'enfant qui refuse de faire ses devoirs ou d'aller à l'école ;
> - comment motiver mon enfant à travailler à la maison et en classe ;

> - comment aider mon enfant à se concentrer ;
> - comment responsabiliser mon enfant ;
> - comment aider mon enfant à organiser son temps et son travail scolaire ;
> - comment aider mon enfant à gérer son stress, ses peurs et ses paniques ;
> - comment intéresser mon enfant aux apprentissages ;
> - comment aider mon enfant à avoir confiance en lui ;
> - comment aider mon enfant à préparer sans stress ses examens ;
> - comment aider mon enfant qui a des difficultés à choisir une orientation scolaire ;
> - etc.

Coacher les parents c'est leur apprendre comment aider leur enfant et dans quelles conditions, comment lui donner le plaisir d'apprendre à la maison et de faire ses devoirs, comment partager son angoisse, ses peurs, ses inquiétudes et ses soucis scolaires, comment l'aider à avoir confiance en lui, comment communiquer avec lui. Il leur permet aussi de savoir comment fonctionne leur enfant afin de favoriser son épanouissement.

En conclusion, le coaching pédagogique s'articule autour de trois axes importants : les apprenants, les enseignants et formateurs et les parents. Il s'adresse à l'apprenant qui manifeste le besoin de structurer son apprentissage et ses interactions avec son enseignant avec comme objectif de susciter le désir d'apprendre, de stimuler ses compétences, d'améliorer sa manière d'acquérir les connaissances et de réussir son cursus scolaire ou sa formation. Il concerne aussi les professionnels de l'enseignement soucieux de la manière de transmettre les connaissances et les parents qui se trouvent souvent en désarroi quand ils aident leurs enfants sur le plan scolaire.

2. *Les qualités exigées des acteurs du coaching pédagogique*

Coachs et coachés doivent posséder un certain nombre de qualités indispensables à la réussite d'un coaching pédagogique.

2.1. Le coaché : motivation et engagement

L'apprenant, l'enseignant ou le parent qui sont au centre de l'intervention, doivent formuler une demande de coaching, se présenter aux rendez-vous, accepter les termes du contrat le liant au coach, être prêts au changement. La demande d'un coaching pédagogique peut émaner de la personne adulte (apprenant adulte, enseignant, parent), des professionnels de l'enseignement, du psychologue de l'école, des parents ou d'un proche quand il s'agit d'un enfant. L'important est que l'intéressé accepte cet accompagnement. La motivation est importante en coaching parce qu'elle est :

- utilisée pour comprendre les comportements et la manière de faire du coaché ;
- employée dans les actions visant le changement ;
- considérée comme un facteur favorisant l'engagement et poussant à faire des choix ;
- vue comme un élément important dans la construction de soi, de l'image sur soi, de l'estime et de la confiance en soi.

La motivation permet à chacun d'élaborer des projets. Elle peut être intrinsèque ou extrinsèque. La motivation intrinsèque est celle qui contient notre projet de vie, comme par exemple « *je veux être médecin, enseignant, etc.* ». La motivation extrinsèque nous permet d'avoir des objectifs intermédiaires pour atteindre le but désiré : « *je dois bien travailler dans les matières scientifiques pour devenir médecin.* ».

Jacques Tardif et Roland Viau contextualisent la motivation dans le cadre scolaire. Pour Tardif, la motivation « *est conçue comme composante essentielle de la réussite de l'élève à l'école et (...) une composante de son système métacognitif* » (Jacques Tardif, 1992, p. 92). Cette approche rend responsable l'élève dans la gestion de sa motivation. Elle souligne la nécessité d'intervenir sur le développement de cette responsabilité pour permettre à l'élève de réussir. Si l'apprenti maçon est responsable du mur qu'il construit, le maître de stage est responsable de l'apprentissage des techniques de construction du mur et de l'utilisation des matériaux de construction.

Roland Viau définit la motivation « *comme un état dynamique qui a ses origines dans les perceptions qu'un élève a de lui-même et de son environnement et qui l'incite à choisir une activité, à s'y engager et à persévérer dans son accomplissement afin d'atteindre ce but* » (Roland Viau, 1944, p. 32). Cette définition met l'accent sur la manière dont l'élève se perçoit et perçoit son environnement, perceptions qui lui permettent de faire des choix, de fixer des objectifs et de s'engager à les réaliser. Par ailleurs, Roland Viau a mesuré le degré de motivation grâce à différents indicateurs comme le choix, l'engagement, la persévérance et la performance.

Le choix porte sur les activités d'apprentissage et la manière d'enseigner. L'absence de choix ne signifie nullement qu'il n'y a pas de motivation, car qui dit choix dit alternative. Ainsi, un apprenant qui refuse un choix proposé montre peut-être une grande motivation pour un autre choix qu'il faut prendre en considération.

L'engagement cognitif est lié à l'attention, à la concentration et aux moyens mis en œuvre pour atteindre les objectifs fixés, notamment s'engager dans un processus de changement en mobilisant les ressources nécessaires et en s'interrogeant sur les implications de ce changement. Un jeune en difficulté par exemple pourra admettre qu'il aura de meilleurs résultats scolaires en changeant d'attitude (arrêter de chahuter et de perturber ses copains, se concentrer, être attentif, s'appliquer, etc.), mais qu'adviendra-t-il de sa place de « clown » de la classe ?

La persévérance est associée à la durée d'un travail. Un apprenant qui manifeste le désir de progresser, de combler ses lacunes au cours du long processus d'apprentissage s'engage dans le changement. Encore faut-il qu'il persévère dans cette démarche surtout dans les moments cruciaux où il se pose des questions : « *Quand aurai-je de bons résultats ?* » « *Quels sont les obstacles pour y arriver ?* » « *Quelle énergie cela me demande-t-il ?* » « *Quelle image auront les autres sur moi ?* ».

La performance est liée à la motivation. Ainsi, plus un apprenant ou un enseignant est motivé plus il est performant : bons résultats scolaires, meilleure transmission des savoirs, etc.

La motivation du coaché peut être suscitée par la crainte de l'échec scolaire, le désir de progresser, d'améliorer son savoir-faire, son savoir transmettre, son savoir-faire-faire et de surmonter une difficulté. Elle peut aussi être impulsée par une tierce personne comme les enseignants, éducateurs, et parents qui exigent de l'apprenant une amélioration de son cursus scolaire. La conjonction de raisons internes et externes est également fortement motivante. Repérer les raisons qui incitent à recourir au coach permet d'être plus clair dans la demande d'intervention et de vérifier en cours de route la pertinence de ce qui est réalisé.

L'importance des facteurs de motivation sur le coaché ne doit pas occulter les raisons de sa démotivation qui peuvent-être l'incapacité de l'école à mobiliser l'intérêt de l'apprenant, le développement chez l'élève en difficulté d'une image dévalorisée qui le marginalise en classe (« *Vais-je encore accepter de me ridiculiser en classe devant mes copains ?* ») et l'angoisse du devenir (difficulté à se projeter dans l'avenir).

En somme, il n'y a de coaching efficace que si le coaché est volontaire, convaincu et motivé. Il doit avoir la capacité de se remettre en question, de dépasser ses peurs, de gérer ses angoisses, d'affronter les difficultés, l'inconnu et l'imprévisible.

Enfin, le coaché s'engage à accomplir les tâches qui lui seront confiées et à échanger avec son coach ses points forts et ses limites, ses essais comme ses erreurs, ses hésitations comme ses interrogations, ses idées comme ses émotions.

2.2. Le coach et sa démarche qualité

Le coach se positionne sur la relation concrète du coaché à ses objectifs et sur le « comment les atteindre » en faisant appel aux ressources propres du client et en tenant compte des caractéristiques de l'environnement dans lequel il évolue. Il aide à la structuration de la démarche et engage le client dans des choix et décisions atteignables et évaluables. Il fédère les compétences de l'accompagné afin d'optimiser les résultats.

Le coach commence par expliquer sa fonction, identifier et clarifier la demande du client lorsque celle-ci n'est pas précisément formulée. Il fixe, avec le coaché, le ou les objectifs à atteindre et lui propose un contrat de travail en commun. Il met ensuite à la disposition de son client ses connaissances, son savoir-faire et son savoir-être pour l'aider à réaliser son but.

Figure 3. Fixer le cadre de l'intervention

Une fois le cadre de l'intervention posé, le coach veillera entre autres à :

- ➢ écouter et bien questionner ;
- ➢ analyser avec le coaché ses perceptions, son fonctionnement ;
- ➢ développer la motivation du coaché ;
- ➢ comprendre le problème tel qu'il est vécu par le coaché ainsi que les attitudes de ce dernier ;
- ➢ développer la congruence ;
- ➢ croire au coaché ;
- ➢ soutenir le coaché en évitant la dramatisation ;
- ➢ s'adapter au style cognitif du coaché ;
- ➢ explorer avec le coaché les solutions possibles ;
- ➢ pousser à l'action ;
- ➢ maintenir une distance avec le coaché ce qui favorise l'instauration d'une relation qui ne soit pas « de copain à copain » ;
- ➢ donner un *feed-back* efficace ;
- ➢ procéder à une évaluation, c'est-à-dire donner des signes de reconnaissance positifs.

Dans le travail de coaching, les entretiens prennent une place importante. L'écoute, le questionnement, la mise en perspective des questions du coaché, la recherche de solutions avec le client, l'analyse des modes de fonctionnement mobilisent fortement le coaché ; ils permettent d'appréhender les difficultés et la personnalité du client de manière globale.

A certains moments, le coach doit être en quelque sorte la mémoire du coaché. Il va lui rappeler les objectifs fixés, les actions prévues avec leurs délais de réalisation, le confronter à ses ambivalences, ses contradictions, ses doutes et ses difficultés, lui présenter les choix qui s'offrent à lui à certains moments clés même si le coaché décide d'opter pour une alternative.

Figure 4.   La posture du coaché

Le coach utilisera sa capacité à étonner, surprendre, à alerter, voire à être « l'avocat du diable ». Le but est d'inciter le coaché à agir, à réagir et à entreprendre le changement désiré. Il confrontera aussi une perception des choses, une conviction, une habitude, une manière d'être et de faire qui semblent limitatives ou obsolètes. Tout au long du travail des entretiens, le coach va encourager le coaché à élargir ses choix, à explorer diverses voies, à exprimer ses émotions et à passer à l'action. Il arrive enfin au coach de jouer le rôle de *mentor* quand il présente ses actions comme des exemples ou lorsqu'il se comporte comme un modèle pour le coaché.

Coach et coaché peuvent se retrouver dans un jeu de pouvoir où chacun essaie d'exercer une influence sur l'autre. Chacun tente de déployer son style et de faire reconnaître par l'autre son propre pouvoir. Dans son interaction, le coach est tenu d'éviter de tomber dans le piège de la compétition, de l'entêtement et du bras de fer avec le client. Il doit respecter ses domaines d'intimité ainsi que son environnement socioculturel.

Si le coach est sans *a priori*, sans jugements et sans concessions au service du client, cela ne signifie pas qu'il est sous ses ordres. Au contraire, il s'engage dans un compagnonnage pour augmenter le potentiel du coaché. Selon Gaëtan Gabriel[6], cela requiert de l'accompagnant un certain nombre de qualités :

- avoir un regard positif : on peut choisir la façon de voir les gens avec qui on travaille. On peut considérer soit qu'ils manifestent une pathologie et des déficiences, soit qu'ils expriment des compétences et un certain savoir-faire. On ne peut faire les deux à la fois. Si on choisit de les regarder sous l'angle de la pathologie, il s'ensuit une focalisation sur des problèmes, ce qui nous empêche de reconnaître les points forts et les ressources. A l'opposé, si on choisit de les regarder sous l'angle des compétences et des savoir-faire, alors notre focalisation sur les points forts a de grandes chances de masquer leurs déficiences à nos yeux. Se focaliser sur la situation future positive aide le coaché à avancer dans son cheminement ;
- considérer le coaché comme une personne unique et l'accepter telle qu'elle est, dans toutes se dimensions (culturelle, philosophique, croyances, etc.) ;
- préconiser la position d'autodétermination de la personne, c'est-à-dire travailler avec elle sur les objectifs qu'elle désire atteindre ;
- respecter la confidentialité ;
- savoir négocier le contrat de coaching en clarifiant la demande, les objectifs à réaliser et la démarche à adopter ;
- adopter une position de facilitateur, autrement dit, accompagner la personne dans son cheminement de changement en jouant le rôle de miroir, de distanciation ;
- se former régulièrement et accepter d'être supervisé afin d'enrichir sa pratique.

3. *Schéma directeur du coaching pédagogique*

Le coaching pédagogique n'intervient pas sur le contenu des cours mais sur la manière d'acquérir les connaissances par l'apprenant. En effet, pour réussir, il ne suffit pas de bénéficier de cours de soutien dans les matières où l'on est en difficulté ou de redoubler sa scolarité en cours (solution souvent plus administrative que pédagogique). Il convient de remettre en perspective l'idée que la solution se trouve là où se pose le problème. En outre, il ne suffit pas que

---

[6] Gaëtan GABRIEL, *Coaching scolaire. Augmenter le potentiel des élèves en difficulté*, Editions De Boeck, Bruxelles, 2008, pp. 52-53.

l'enseignant dispose des connaissances requises, encore faut-il qu'il ait le savoir-faire pour les transmettre. Il en va de même des parents qui doivent connaître le mode de fonctionnement de leur enfant pour pouvoir l'aider et le soutenir de manière appropriée.

Le processus d'intervention se déroule en quatre phases comme le montre le schéma suivant :

Figure 5. Schéma directeur du coaching pédagogique

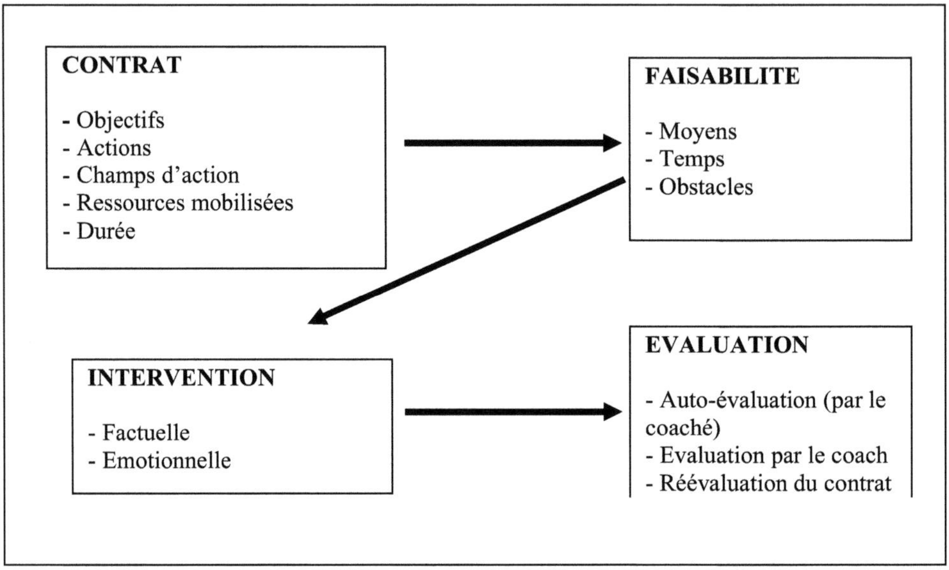

```
┌─────────────────────────────────────────────────────────────────┐
│  ┌──────────────────────────┐      ┌──────────────────────────┐ │
│  │ CONTRAT                  │      │ FAISABILITE              │ │
│  │  - Objectifs             │      │  - Moyens                │ │
│  │  - Actions               │─────▶│  - Temps                 │ │
│  │  - Champs d'action       │      │  - Obstacles             │ │
│  │  - Ressources mobilisées │      │                          │ │
│  │  - Durée                 │      │                          │ │
│  └──────────────────────────┘      └──────────────────────────┘ │
│                   ◀────────────                                 │
│                                    ┌──────────────────────────┐ │
│                                    │ EVALUATION               │ │
│  ┌──────────────────────────┐      │  - Auto-évaluation (par le│ │
│  │ INTERVENTION             │      │    coaché)               │ │
│  │  - Factuelle             │─────▶│  - Evaluation par le coach│ │
│  │  - Emotionnelle          │      │  - Réévaluation du contrat│ │
│  └──────────────────────────┘      └──────────────────────────┘ │
└─────────────────────────────────────────────────────────────────┘
```

Le contrat fixe le cadre de l'intervention. Il exprime l'engagement des parties (coach et coaché), spécifie la demande de coaching, stipule les objectifs à atteindre, précise le rôle des acteurs, clarifie le contenu de leurs actions, délimite leurs champs d'intervention, indique les ressources à mobiliser et fixe la durée du coaching.

La faisabilité évalue les moyens mis à disposition pour réaliser les objectifs fixés, le temps pour les atteindre et les obstacles qui risquent de surgir.

L'intervention est l'interaction spatio-temporelle entre coach et coaché impliquant différents types d'actions factuelles et / ou émotionnelles en lien avec l'environnement du client.

Enfin, l'évaluation mesure le degré de réalisation des objectifs. L'accent sera mis sur l'évaluation par le coaché lui-même (auto-évaluation). Le coach va avant tout renforcer les acquis du coaché, reconnaître les résultats atteints, aider à l'analyse d'éventuels écarts entre les objectifs fixés et ceux atteints, préparer les prochaines étapes, réévaluer, si nécessaire, le contrat qui les lie.

La démarche du coaching pédagogique consiste d'une part à amener le coaché à s'autodéterminer et à trouver les solutions et les ressources pour surmonter les difficultés rencontrées, et d'autre part à combiner les ressources et à coordonner les différentes actions.

4. Conclusion

Le coaching pédagogique est un accompagnement basé sur une relation privilégiée entre le coach et l'apprenant, l'enseignant et le parent dont découle une interaction dynamique faite de confiance, d'échanges, de respect, d'empathie, d'engagement, de motivation, de transparence.

Ses objectifs consistent à faire progresser l'apprenant, à améliorer sa manière d'acquérir les connaissances, à augmenter sa concentration, à organiser ses apprentissages, à lui rendre la confiance en soi et à l'aider à surmonter les difficultés qui provoquent souvent chez lui du stress, de l'angoisse, de l'aversion vis-à-vis de certaines matières, de la répulsion à l'égard de l'école, voire de l'agressivité envers ses amis, quand ce n'est pas dirigé contre les enseignants.

Quant au coaching de l'enseignant et du parent, il a pour but d'améliorer leur manière de transmettre les connaissances, d'aider et de soutenir l'apprenant et de connaître son mode de fonctionnement pour stimuler son désir d'apprendre.

Le coaching pédagogique aide à apprendre à comprendre, mémoriser, utiliser, partager et transmettre les connaissances. Il vise à dépasser l'erreur et à se donner le désir d'apprendre et de communiquer.

Chapitre 2

La PNL comme outil d'accompagnement pédagogique

> *On ne peut rien apprendre aux gens, on peut seulement les aider à découvrir qu'ils possèdent en eux tout ce qui est à apprendre.*
> Galilée

La Programmation Neuro Linguistique (PNL) s'intéresse à nos comportements, à notre façon de communiquer. Centrée sur notre cerveau, elle fait référence à trois importantes composantes : la neurologie, le langage et la programmation.

Programmation parce que nous adoptons tout au long de notre vie des automatismes, des façons de penser, de ressentir, de percevoir et de nous comporter. Nos comportements s'organisent grâce aux composantes neuro-linguistiques. Le terme américain *programming* correspond à l'ensemble des apprentissages qui sont devenus des automatismes, des réflexes.

Le terme de programmation peut étonner, voire choquer, dans le cadre d'une approche centrée sur l'humain. Mais si l'on garde en mémoire le fait que la PNL est apparue dans les années 70' au moment de l'émergence de l'informatique et à proximité de la Silicon Valley, le choix de ce terme devient moins surprenant.

> *Un programme est un apprentissage devenu automatique*

Neuro car, grâce à nos cinq sens, nous percevons notre environnement, mémorisons nos expériences faites d'agirs conscients et inconscients. Nos sens nous permettent de percevoir, penser, ressentir et d'opérer des choix. Nos états émotionnels sont déterminés par nos perceptions sensorielles. Ainsi, nous passons notre temps à créer consciemment ou inconsciemment des neuro-associations, à faire ou à défaire des liens neurologiques.

> *Notre comportement repose sur notre activité neurologique*

Linguistique car il concerne notre système de communication verbal, non verbal et paraverbal. Au moyen de ce système, nous sélectionnons, codons, interprétons et donnons un sens aux informations reçues de l'extérieur. Des représentations sont construites à partir de cette manière dont le langage interagit avec le système nerveux. Grâce au langage, nous avons accès à des représentations que nous pouvons modifier pour atteindre nos objectifs, résoudre nos problèmes.

> *Le langage structure notre pensée*

Le terme de neuro-linguistique a été utilisé pour la première fois par Alfred H. Korzybski en 1933[7] quand il a étudié le fonctionnement de l'homme dans son environnement, à savoir la façon dont notre système nerveux perçoit, interprète et codifie ce qui se trouve autour de lui. Il a essayé d'établir une méthode permettant aux hommes de mieux communiquer, de mieux se comprendre et d'agir conformément aux faits et non à des représentations erronées, acquises ou innées.

Richard Bandler et John Grinder ont ajouté le mot programmation en 1976. Ils ont mis en commun la linguistique, la mathématique et l'informatique pour comprendre et décomposer de façon spécifique et précise les comportements de grands communicateurs. Afin de chercher les schémas communs et répétitifs des comportements de communication observés, ils ont développé des techniques, des outils de communication et de changement qui permettent d'atteindre systématiquement les objectifs souhaités. Leur modèle s'intéresse au processus et à la forme de la communication, plutôt qu'au contenu.

La PNL se focalise sur le comment en montrant et en expliquant les mécanismes à travers lesquels nous construisons et nous interprétons la réalité psychique.

Dans la préface de « *The structure of magic – tome 1* » de Richard Bandler et John Grinder, Virginia Satir écrit : « *C'est difficile pour moi d'écrire cette préface sans être excitée, stupéfiée et dans l'émotion. Ce que Richard Bandler et John Grinder ont réalisé relève d'une observation précisant comment les*

---

[7] Alfred Habdank KORZYBSKI, *Science and Sanity: An Introduction to Non-Aristotelian Systems and General Semantics*, In International Non-Aristotelian Library Publishing Company, New York, 1933.

processus de changement évoluent dans le temps et produisent les patterns du processus « comment ». Il semble qu'ils ont trouvé une description des éléments prévisibles qui produisent le changement dans une relation entre deux personnes. En sachant comment cela fonctionne, il est possible d'utiliser cela consciemment et d'avoir des méthodes efficaces pour provoquer le changement.[8] ».

En 1978, la PNL est pour la première fois enseignée selon un mode de travail pédagogique original. Elle se détache de ses cliniciens de référence pour proposer ses propres techniques d'intervention. Dès 1980, la PNL sort progressivement du cadre de la thérapie pour être validée dans d'autres domaines : éducation, santé, vente, entreprise, management, sport, etc.

Dans ce chapitre, nous exposons les outils de la PNL et ses applications dans l'apprentissage avant de présenter trois expériences de coaching dans lesquelles nous avons utilisé cette approche d'accompagnement.

1. *Les postulats de la PNL*

La PNL est née de l'observation des comportements. Elle se base sur la description des perceptions sensorielles externes et des représentations sensorielles internes. Elle est également axée sur la modélisation des actions mentales et physiques. Les « modèles » ainsi constitués visent à faciliter :

- une connaissance de soi ;
- un accès aux ressources présentes et déjà acquises par la personne ;
- la création de nouvelles ressources ;
- la transposition d'une ressource d'un contexte (personnel par exemple) à un autre (professionnel ou d'apprentissage par exemple).

La PNL se propose d'agir par une démarche itérative basée sur le diagnostic, la modélisation, l'évaluation des résultats, l'essai éventuel d'un autre modèle et l'évaluation des résultats jusqu'à parvenir au but souhaité par le coaché.

Nous abordons le cadre méthodologique de la PNL fait de présuppositions et d'outils destinés à susciter le changement, notamment en matière d'apprentissage.

---

[8] Richard BANDLER et John GRINDER, *The structure of magic - tome 1*, Science et Behavior Books, Inc, Palo Alto (CA), 1975.

1.1. Les présuppositions de la PNL

La PNL repose sur un certain nombre de présuppositions qui fondent et expliquent la méthode d'analyse et de modélisation. Ces présuppositions ont été progressivement formulées et affinées lors des travaux de développement de la PNL. Elles résultent d'un processus de choix pragmatique et représentent un cadre méthodologique ainsi qu'une aide pour sa pratique quotidienne.

1.1.1. La carte n'est pas le territoire

Chaque personne possède sa propre carte du monde dont l'élaboration est déterminée par son architecture génétique et son histoire personnelle. Les mots sont une représentation de la réalité. Ils permettent de re-présenter la réalité. Le langage et sa structure exercent une grande influence sur notre perception de la réalité. Il peut enfermer l'être humain dans ses représentations ou l'en libérer.

Aucune représentation ne peut englober la totalité de la réalité : chaque point de vue apporte un éclairage supplémentaire et contribue à enrichir la connaissance et la compréhension du monde. Pour Alfred H. Korzybski, à l'intérieur d'une même langue, les mêmes mots peuvent renvoyer à des réalités fort différentes et la même réalité peut être interprétée de façons diverses et contradictoires. C'est pourquoi, il y a lieu de vérifier ce qui se cache derrière les mots afin de vérifier que ce que la personne tente d'exprimer correspond bien à ce que son interlocuteur entend. On qualifie souvent les enfants en difficultés scolaires de « *nuls* », « *stupides* », « *paresseux* », « *distraits* », « *désintéressés* ». Les enseignants et parents évoquent parfois leur « *incompétence* » dans la transmission des connaissances. Au-delà des mots, il faut chercher ce que chacun veut réellement exprimer.

Le langage est un système de représentations qui fonctionne sur le même mode que nos systèmes sensoriels. Grâce à ces derniers, nous sélectionnons constamment les informations que nous recevons de l'extérieur (notre environnement) et de l'intérieur (notre corps), nous les filtrons et les codons avant de leur donner un sens, une signification. Ce mécanisme transite par nos cinq sens qui nous permettent de ne pas être submergé par un flot d'informations inutiles et de nous focaliser sur ce qui nous intéresse.

Systèmes sensoriels

Nous disposons de cinq sens pour percevoir et entrer en contact avec la réalité extérieure. Nous voyons (**V** pour visuel), nous entendons (**A** pour auditif), le système kinesthésique nous permet d'éprouver des sensations corporelles (**K** pour kinesthésique), nous sentons (**O** pour olfactif) et nous utilisons notre système gustatif pour goûter (**G** pour le gustatif).

Grâce à ses systèmes de perception (VAKOG), chaque individu va se représenter mentalement l'information perçue, se recréer l'expérience qu'il est en train de vivre sous forme d'images, de sons, de dialogues internes et de sensations. Nos expériences, nos émotions, nos connaissances, nos mémoires sont codées dans notre cerveau par le moyen de ces canaux perceptifs. Apprendre, penser, mémoriser, imaginer, sont autant d'aspects de cette activité interne. La mémoire dépend de la capacité qu'a une personne de combiner son expérience extérieure et intérieure.

Pour des raisons liées à notre vécu personnel, à notre culture, à notre physiologie, nous avons tendance à privilégier l'utilisation de l'un de ces systèmes pour communiquer avec les autres ou pour organiser mentalement nos représentations. Certains privilégient le système visuel ; ils sont capables de revoir des images nettes de leurs souvenirs ou de créer facilement un tableau imaginaire. D'autres sont plutôt conscients de ce qu'ils ressentent et attachent davantage d'importance à ce registre. D'autres encore peuvent réentendre parfaitement une leçon ou un concert écouté il y a un mois. Un même événement vécu par deux personnes n'ayant pas le même système de représentations sera expérimenté différemment. Les récits respectifs seront narrés avec beaucoup de divergences.

Systèmes sensoriels et prédicats

Les modalités visuelles, auditives, kinesthésiques auxquelles nous recourons pour nous représenter mentalement notre expérience sont exprimées par des prédicats, c'est-à-dire par des mots qui décrivent des expériences sensorielles (noms, verbes, adjectifs ou groupes de mots) que nous utilisons quand nous parlons. Les tableaux suivants mettent en lien les prédicats (expressions) avec le canal sensoriel privilégié de la personne qui les utilise.

Tableau 1. Canal visuel

Verbes	Noms	Adjectifs
Voir	Espace	Lumineux
Montrer	Scène	Clair
Observer	Distance	Sombre
Eclairer	Surface	Flou
Regarder	Perspective	Brillant
Imaginer		Net
Repérer		Vague
distinguer		Brumeux
Apercevoir		Flash
Cacher		
Assombrir		
Obscurcir		
Examiner		
Visualiser		
Fixer		

Tableau 2. Canal auditif

Verbes	Noms	Adjectifs
Entendre	Musique	Sourd
Parler	Accord	Plus fort
Questionner	Désaccord	Moins fort
Ecouter	Acoustique	Audible
Dire	Sonorité	Mélodieux
Répéter	Cacophonie	Grave
Emettre	Silence	Aigu
Crier	Bruit	Discordant
Exprimer	Rythme	Criard
Chanter		Assourdissant
Grincer		
Résonner		
Etouffer		

Tableau 3.   Canal kinesthésique

Verbes	Noms	Adjectifs
Sentir	Sentiment	Calme
Toucher	Contact	Excité
Saisir	Pression	Concret
Ressentir	Consistance	Ferme
Manipuler	Résistance	Froid
Heurter	Robustesse	Chaleureux
Craquer	Stabilité	Sensible
Atteindre		
Maîtriser		
Contacter		
Embobiner		
Echapper		
Manier		

Les prédicats sont importants à repérer au cours de la communication car ils permettent :

> - d'identifier facilement le système sensoriel utilisé par notre interlocuteur à un moment donné ;
> - de communiquer avec lui, en utilisant des mots appartenant au même système sensoriel pour créer le lien et installer une atmosphère de compréhension ;
> - de repérer son système de représentations privilégié.

Les personnes dont le système perceptif dominant est la vue mémorisent au moyen d'images et ne sont pas distraites par le bruit. Elles ont souvent des difficultés à se rappeler des instructions verbales et se lassent des longs discours parce que leur pensée tend à vagabonder. Elles s'intéressent en priorité au processus, c'est-à-dire à comment se présentent les choses. Un apprenant au canal visuel dominant par exemple préférera que l'enseignant utilise des schémas, des illustrations dans son cours.

Les visuels se remarquent par leur posture : tête et corps droits et regard dirigé vers le haut. Leur respiration se situe au niveau des épaules ou du cou (respiration haute). Lorsqu'ils sont assis, leur corps est souvent incliné vers l'avant ; ils ont tendance à être organisés, ordonnés et à prendre soin de leur apparence. Ils se rappellent au moyen d'images, se laissent peu distraire par le bruit ambiant et se fient beaucoup aux apparences. Les apprenants visuels utilisent souvent les expressions suivantes : « *vous voyez que la leçon n'est pas claire* », « *c'est tout vu, je n'ai rien compris* », « *vu mes notes, je ne vais pas réussir* », « *à première vue, la consigne n'était pas claire* », « *avoir un aperçu sur tout le cours* », « *il a l'œil sur mes devoirs* », « *il paraît que l'examen sera difficile* », « *j'ai l'impression que j'ai raté mon examen* », « *veiller à ce que les devoirs soient bien faits* », « *son explication est tape à l'œil* », « *après deux heures de préparation, je vois enfin le bout du tunnel* », etc.

Les auditifs, mémorisant facilement ce qu'ils entendent, sont facilement distraits par le bruit ambiant. Ils peuvent répéter des choses facilement, apprennent en écoutant, aiment la musique et le téléphone. Ils attachent de l'importance au ton de la voix et aux mots utilisés dans la conversation. Les expressions favorites des apprenants et enseignants auditifs sont : « *je l'entends déjà gueuler* », « *bien entendu, la voix du prof est inaudible* », « *ça ne me dit rien le cours d'histoire* », « *cause toujours, je ne comprends pas ce que tu dis* », « *à vrai dire, le cours est ennuyeux* », « *il faut prêter une oreille attentive aux consignes* », « *je suis sur la même longueur d'onde que mes élèves* », « *le raisonnement de l'élève sonne faux* », « *les élèves n'écoutent pas souvent les explications* », etc.

Les kinesthésiques mémorisent par l'action, parlent lentement et sont attirés par tout ce qui est physique. Ils ont une respiration profonde qui se situe au niveau du ventre, ce qui est facilement observable par le mouvement de gonflement et de dégonflement de l'abdomen. Leur démarche et leurs discours ont un rythme lent. Ils sont intéressés par tout ce qui est physique (activités, le toucher, etc.). Lorsqu'ils parlent à une autre personne, ils se tiennent près d'elle contrairement aux visuels. Les élèves kinesthésiques mémorisent et apprennent par la répétition d'exercices, notamment en mathématiques. Ils ne décident ou n'acceptent qu'après avoir expérimenté. Les expressions favorites des enseignants et apprenants kinesthésiques sont : « *vous me suivez* », « *faire passer le message* », « *saisir le sens de l'évolution de l'histoire* », « *provoquer le déclic pour que les élèves puissent suivre la leçon* », « *je me sens irrité, nerveux* », « *je suis lessivé après deux heures de cours de maths* », « *le prof explique tellement vite qu'il faut tenir bon pour comprendre* », « *je ne vous suis pas* », « *avoir un bon contact* », « *le cours d'histoire m'ennuie* », « *j'étais à côté de la plaque lors de l'examen de maths* », « *je nage complètement en biologie* », « *je patauge en géographie* », etc.

En somme, chacun a tendance à privilégier un canal sensoriel par rapport aux autres, particulièrement lorsqu'il est en état de stress. Soulignons que le fait de repérer le canal dominant d'une personne ne signifie pas l'enfermer de manière définitive dans une catégorie sensorielle. En revanche, cette détection permet au coach d'être bien synchronisé avec son client pour communiquer efficacement avec lui.

1.1.2. Les ressources sont en soi

Ce principe est commun à Virginia Satir (1964)[9], Fritz Perls (1973)[10] et Milton Erickson (2006)[11]. Il va de pair avec une vision positive des potentialités de l'être humain. Postuler que chacun possède (au moins potentiellement) les ressources nécessaires pour agir efficacement, évoluer, atteindre ses objectifs ou résoudre des problèmes encourage à la responsabilisation et à l'autonomie et constitue un vecteur fondamental du développement de l'estime de soi. L'activation de ces ressources permet d'accéder au changement. Le travail du coach sera alors d'aider le client à se convaincre qu'il possède les ressources pour réaliser ses objectifs et de l'amener à trouver par lui-même ses propres solutions plutôt que d'imposer les siennes. Il vaut mieux partir de l'idée qu'*a priori* tout est possible plutôt que de se dire que l'on n'y arrivera pas.

Dire à un enfant : « *tu as bien travaillé et je sais que tu es capable de réussir à l'examen* », contribue à lui faire prendre conscience de ses capacités, de ses potentialités, de ses ressources, de ses compétences. La confiance en soi aussi acquise lui permettra de faire des choix et de prendre des initiatives.

1.1.3. L'erreur et l'échec comme sources d'apprentissage

Chaque erreur, si elle est analysée de façon rationnelle et positive, est une opportunité pour s'améliorer et progresser. Elle est l'occasion de tester ce qui marche et ce qui ne marche pas. Cette présupposition de la PNL ne doit pas bien sûr être interprétée comme une incitation à faire des erreurs ou à manquer d'exigence vis-à-vis de soi-même. Elle vise plutôt à modifier la perception des erreurs commises et des échecs subis au cours du processus d'apprentissage.

> *Il n'y a pas d'échec, il n'y a que du feed-back*

---

[9] Virginia SATIR, *Thérapie du couple et de la famille*, Edition Desclée de Brouwer, Paris, 1964.
[10] Fritz PERLS, *Manuel de Gestalt-thérapie*, ESF Editeur, Paris, 1973.
[11] Milton ERICKSON, *Traité pratique de l'hypnose*, Editions Jacques Grancher, Paris, 2006.

Lorsque l'enfant grandit avec l'idée, souvent véhiculée par son entourage, qu'il n'a pas droit à l'erreur, que se tromper est inadmissible, qu'il doit en permanence être bon sinon le meilleur, qu'avoir une mauvaise note ou rater un examen font de lui un « *incapable* », « *paresseux* » voire « *nul* », il perd confiance en lui, se dévalorise. La peur de mal faire l'empêchera de prendre des initiatives. Pour lui, l'échec sera source de culpabilité, de honte, de gêne, d'impuissance, de frustration et de résignation.

L'échec est une étape sur le chemin de la réussite. Il permet d'apprendre et d'avancer. Alfred H. Korzybski[12] relevait l'importance de ne pas identifier une personne à certains de ses actes. Par exemple, l'événement ponctuel : « *Tu as eu 0 en maths.* » ne signifie pas : « *Tu es nul en maths.* » ou pire : « *Tu es nul à l'école.* », voire de façon catégorique : « *Tu es nul.* ». Il est souvent utile d'éviter l'utilisation du verbe « être » (« *Tu es nul* ») et de préférer celle du verbe « avoir » (« *Tu as eu une mauvaise note* »), ce qui permet de ne pas coller des étiquettes parfois définitives sur une personne à partir d'événements isolés. D'ailleurs et en pensant aux effets négatifs, sur le plan psychologique, du verbe « être », David Bourland (1965)[13] a inventé dans les années 60' le *E-Prime*, langage correspondant à la langue anglaise sans aucune forme du verbe *to be* (être).

Il est donc préférable d'analyser l'échec d'un point de vue factuel sous l'angle : « *Comment ai-je raisonné pour aboutir à ce résultat ?* ». « *Qu'est-ce que je pourrais faire à l'avenir pour obtenir de bonnes notes ?* ». Ainsi, comprendre les processus ayant conduit à l'échec et à la réussite est très important, car il permet d'avancer.

1.1.4. On ne peut pas ne pas communiquer

La qualité de notre vie est déterminée par la qualité de notre communication. Selon Paul Watzlawick (1964)[14], la communication est plurielle. Elle est verbale, paraverbale, non verbale, consciente et inconsciente, multisensorielle, directe et indirecte.

---

[12] Cf. Alfred Habdank KORZYBSKI, op. cit.
[13] David BOURLAND, *Linguistic Note: Writing in E-Prime*, in the General Semantics Bulletin, 1965.
[14] Paul WATZLAWICK, *An Anthology of Human Communication*, Science and Behavior Book, 1964.

Le niveau verbal de la communication est représenté par les mots, qu'ils soient pensés, dits, écrits, lus ou entendus. Ces mots ont leur importance dans le langage parlé et écrit. La manière d'écrire un mot peut modifier le sens du message. Prenons la phrase : « *Un certain chemin* ». Quel effet produit-elle si elle est écrite de la façon suivante : « *Incertain chemin* » ; son sens sera bien entendu différent.

Par paraverbal, on entend tout ce qui tourne autour de la voix et du son. Si les mots prononcés demeurent les mêmes, l'impact du message peut être radicalement différent. Ainsi par exemple, si vous entendez votre enfant vous dire : « *… ça va, j'ai bien passé l'examen de maths.* ». Selon que cette phrase sera prononcée avec un ton enjoué ou bien d'une voix complètement éteinte, le message pourra s'en trouver soit renforcé soit contredit. Votre réponse dépendra de votre perception du message : « *Je suis content pour toi* » ou « *Est-ce que tu es sûr que l'examen de maths s'est bien passé ?* ».

Le non verbal correspond au langage du corps, aux gestes, aux expressions du visage qui accompagnent le verbal. Il peut émettre un message différent selon qu'il est en accord ou en désaccord avec le verbal. Votre calme ou votre agitation font parvenir au récepteur des informations concernant votre ressenti. Il est important pour un enseignant ou un parent de repérer chez l'apprenant les moments où celui-ci devient fatigué, distrait ou déconnecté de ce qui se passe autour de lui.

Quand le verbal et le non verbal sont en désaccord, c'est le non verbal qui donne le sens du message, allant parfois jusqu'à vider les mots de leurs significations habituelles.

Selon Albert Mehrabian (1972)[15], 7% seulement de la communication serait véhiculée par les mots, 38% par les aspects de la voix (rythme, timbre, intonation, etc.) et 55% par le langage corporel (expressions du visage, gestes, postures, etc.). Les gestes peuvent se suffire pour transmettre un message, indépendamment de toute parole : par exemple se frotter la joue avec le revers des doigts sans avoir besoin de préciser que l'on s'ennuie. Ils peuvent aussi affecter la signification des paroles qu'ils accompagnent.

Prenons l'exemple de la locution « *Tu parles* », en réponse à la question « *Alors, il paraît que ça va mieux en histoire et géographie ?* ». Pour que le destinataire interprète correctement ce qui est signifié, il est indispensable que

---

[15] Albert MEHRABIAN, *Non-verbal communication*, Aldine-Atherton, Chicago, Illinois, 1972.

les paroles soient accompagnées d'informations supprimant toute ambiguïté : « *Tu parles, j'ai eu de très bonnes notes aux derniers examens d'histoire et de géographie.* ».

Tout comme les mots, les gestes peuvent eux-aussi être interprétés de différentes manières. Ils ont un aspect conventionnel et culturel. Si dans l'inconscient populaire, parler avec les mains permet de dépasser les barrières linguistiques, il arrive pourtant que les gestes comme les paroles entraînent des « malentendus ». En donnant à un geste ou à une attitude la signification qu'il ou qu'elle aurait dans notre propre culture, on risque fort d'en modifier le sens. Par exemple, le geste communément utilisé par les auto-stoppeurs (pouce tendu vers le haut) est considéré au Nigeria comme parfaitement outrageant.

De multiples facteurs comme le contexte social, l'environnement, la religion, la perception du temps et de l'espace, qui prennent des réalités diverses selon les cultures, ont une influence sur la mise en scène du corps en société. Tous ces aspects sont interdépendants.

Il est possible d'élargir la notion de langage du corps au « para corporel », c'est-à-dire tout ce qui entoure le corps. Par exemple, la tenue vestimentaire, le fait d'être rasé ou pas, maquillée ou pas, la coiffure, la montre, les bagues, les bijoux, le stylo que l'on utilise, le portable, la voiture, etc. Tous ces éléments envoient des messages.

Nous communiquons de façon consciente mais aussi, pour une large part, inconsciente. Nous recevons et envoyons beaucoup plus d'informations que nous le croyons. Lorsque tous les paramètres verbaux, paraverbaux, non verbaux vont dans le même sens, cela s'appelle la congruence. Quand ces paramètres sont divergents, on parlera d'incongruence. Ainsi, dire à un enfant :

- « *Je sais que tu es capable d'obtenir un bon résultat à l'examen* »,

sur un ton de voix peu convainquant risque de le rendre passif quant au désir de progresser.

1.1.5. La relation prime sur l'échange d'information

La communication a une dimension informationnelle et une dimension relationnelle. L'information est fortement liée au verbal car elle est essentiellement véhiculée par les mots. La relation passe davantage par le paraverbal et le non verbal. Quand la relation entre deux personnes n'est pas réellement établie, conflictuelle ou dissymétrique, les messages passent difficilement. L'échange d'informations ne peut se faire de façon efficace que dans le cas où la relation est bien établie.

Ainsi, un parent ou un enseignant désirant faire passer un message important à un enfant devrait tout d'abord prendre le temps de bien établir la relation, de s'assurer que l'enfant est bien en lien avec lui, avant de transmettre l'information. Sans cela, le message « *entre par une oreille est ressort par l'autre* ». L'enfant « *zappe* », donnant l'impression d'être sur une autre planète.

1.1.6. L'attitude « gagnant / gagnant » facilite les relations humaines

La relation « gagnant / gagnant » consiste à adopter une attitude de confiance et de respect vis-à-vis de soi-même et d'autrui. Chacun sort gagnant de l'échange. Cette attitude, basée sur les notions de coopération et de réciprocité, est très utile pour établir et maintenir une relation constructive et atteindre ses objectifs. Une relation déséquilibrée exprime un rapport « gagnant / perdant » ou « perdant / gagnant ». L'attitude « gagnant / perdant » peut prendre diverses formes :

- ➢ se croire supérieur aux autres (« *Chaque fois que le prof pose une question, je suis toujours le premier à y répondre.* ») ;
- ➢ penser que les autres sont inférieurs à soi (« *Je suis le meilleur de la classe.* ») ;
- ➢ ne pas tenir compte des autres et être centré sur soi ;
- ➢ nourrir une vision agressive voire violente sur la relation aux autres.

L'attitude « perdant / gagnant » n'est pas franchement plus réjouissante. On y retrouve les mêmes formes que précédemment :

- ➢ se croire inférieur aux autres ;
- ➢ penser que les autres sont supérieurs à soi ;
- ➢ se centrer exclusivement sur les autres ;
- ➢ considérer les autres comme faisant partie du clan des vainqueurs.

1.1.7. Tout comportement a une fonction positive

Ce présupposé de la PNL propose de rechercher l'intention positive à l'origine de tout comportement, quel que soit son caractère négatif de départ. Ceci concerne aussi bien ses propres actes que ceux d'autrui qui seront alors considérés avec bienveillance en se questionnant sur ce que l'autre cherchait à en retirer de positif. Assimiler un individu à ses comportements limitants c'est l'enfermer dans un « mauvais » rôle. Voir l'intention positive derrière le comportement limitant, c'est ouvrir une voie pour trouver d'autres comportements plus adéquats. Un élève turbulent est souvent qualifié de « perturbateur », de « casse pieds » en classe. La plupart du temps, il est exclu, mis en quarantaine. On peut alors se poser la question sur le sens de cette agitation pour l'enfant. Servirait-elle à le protéger d'une angoisse par exemple ?

Les sept présupposés décrits ci-dessus constituent la base de la PNL dont nous avons vu qu'elle repose sur l'observation et propose l'action en s'appuyant sur une démarche itérative. Nous allons maintenant présenter les principaux outils utilisés dans cette démarche.

1.2. Outils de la PNL

Il existe de nombreuses techniques en PNL. Nous nous intéressons à sept d'entre-elles, les plus utilisées car elles représentent de puissants outils de communication, de motivation, de mobilisation de ressources et de changement.

1.2.1. Premier outil : la synchronisation

Le rapport se crée en rencontrant son interlocuteur dans son modèle du monde, sur son propre terrain afin de lui montrer qu'on l'accepte tel qu'il est, qu'on comprend sa vision des choses. Cela permet d'établir un climat de confiance et de l'accompagner avec tact et respect vers le changement auquel il aspire. Ce rapport n'est possible que s'il y a synchronisation. Ce terme est issu de la traduction des mots anglais « *pacing* » (se mettre en phase avec), « *matching* » (être en accord avec) et « *mirroring* » (refléter à la manière d'un miroir) utilisés par Grinder et Bandler.

La synchronisation est un processus permettant de rester en contact avec une personne sur les plans conscient et inconscient. Son but est de faire un pas vers l'autre pour lui montrer qu'on a envie de le comprendre et de communiquer avec lui, tout en restant soi-même.

Entre certaines personnes, la synchronisation se fait inconsciemment et de façon naturelle, notamment quand elles partagent des intérêts ou ont des points en commun. Spontanément, un courant de sympathie s'installe, le rapport se crée avec aisance et fluidité. Dans d'autres relations, les affinités sont infimes et la communication plus difficile. Le recours à la synchronisation en tant que technique de la PNL peut alors se révéler très utile.

Pour se synchroniser avec un interlocuteur, il importe d'utiliser ses yeux et ses oreilles. L'observation et l'écoute attentives de son interlocuteur permettent une synchronisation à différents niveaux.

La synchronisation verbale

La synchronisation verbale consiste à repérer chez l'interlocuteur les prédicats (expressions, mots) tirés de son système de représentations dominant (VAKO), à observer la structure de ses phrases et à construire les nôtres de façon semblable. Ainsi, nous utiliserons les mêmes expressions que lui comme par exemple « *Tu vois* », « *J'entends* », « *Je ressens* » et nous reprendrons les idées clés qu'il a émises. Les paramètres verbaux sur lesquels il est possible de se synchroniser sont présentés dans le tableau ci-après.

Tableau 4. Les paramètres verbaux

Niveau de langue	Structure des phrases	Contenu
Soutenu	Longues / courtes	Expressions et mots favoris
Courant	Simples / complexes	Tics verbaux
Familier	Affirmatives / négatives	Termes spécifiques
Grossier	Interrogatives	Etc.
Etc.	Etc.	

La manière la plus simple de se synchroniser verbalement consiste à reformuler les paroles de l'interlocuteur en reprenant ses mêmes termes comme par exemple : « *Donc, si j'ai bien compris, la matière dans laquelle tu rencontres des difficultés est l'histoire* ».

La synchronisation non verbale

Il s'agit de la synchronisation sur le langage du corps. Elle consiste à répliquer en miroir une partie de la gestuelle et du comportement physique de l'interlocuteur : position, inclinaison du corps, etc. C'est une sorte de mimétisme sans tomber dans le piège de la caricature. En effet, j'observe un comportement qui m'est étranger, je l'apprends, je l'assimile et je le reproduis. Appliquée à la communication, la synchronisation non verbale a un double effet :

- expérimenter corporellement la carte du monde de l'autre ;
- renvoyer à l'autre un reflet qui lui est familier ce qui tend à le mettre en confiance et à le sécuriser.

Le tableau suivant récapitule les paramètres non verbaux sur lesquels il est possible de se synchroniser.

Tableau 5. Paramètres non verbaux

Visage	Posture	Gestes
Regard	Assis / debout	Mouvements de la tête, des mains, des bras, des jambes
Expression faciale	Buste en avant / en arrière	Mimiques
Sourire	Epaules dégagées / tombantes	Respiration
Etc.	Bras ou jambes croisés / décroisés	Etc.
	Etc.	

Pour créer rapidement le rapport, il faut faire le premier pas pour s'adapter à l'interlocuteur et à sa carte du monde.

La synchronisation paraverbale

Il s'agit de se synchroniser sur le volume, le rythme ou le ton de la voix de son interlocuteur. Quelqu'un qui parle lentement appréciera qu'on s'adresse à lui sur le même rythme. Il sera plus réceptif et attentif à un message formulé avec une modalité expressive adaptée à la sienne. Le tableau suivant illustre les paramètres non verbaux.

Tableau 6. Paramètres paraverbaux

Volume	Rythme	Ton
Fort / faible	Rapide / lent	Calme
	Fluide / saccadé	Joyeux
	Régulier / irrégulier	Triste
	Pauses, silences	En colère
	Etc.	Fatigué
		Etc.

La synchronisation paraverbale permet de se mettre rapidement sur la même longueur d'onde avec son interlocuteur et de bien s'entendre avec lui.

La synchronisation sur le mode d'être, de faire et de penser de l'interlocuteur

Il est possible de se synchroniser sur la manière d'être, de communiquer et de penser de l'autre, de tenir compte de ses centres d'intérêt, de ses goûts. Cela facilite l'établissement du contact et la compréhension du mode de fonctionnement de son interlocuteur.

Tableau 7. Eléments du modèle d'être, de faire et de penser

Apparence	Distance	Centres d'intérêt	Mode de vie
Tenue vestimentaire Marques de vêtements et accessoires portés	Prise en compte de la proxémie : respect de la distance de communication	Goûts et pratiques culturelles et de loisirs : lecture, cinéma, voyages, sport, gastronomie, etc.	Horaires (lever, coucher, repas, travail, loisirs) Organisé / au jour le jour Sédentaire / nomade
Coiffure Etc.			Solitaire / en groupe Etc.

La prise en considération de la proxémie de l'interlocuteur est importante dans la synchronisation, car elle permet de respecter une distance suffisante pour communiquer. Celle-ci est fonction de sa culture, de sa façon d'être, de penser et de vivre. Edward Hall (1971)[16] distingue quatre types de distance :

- la distance intime où la présence de l'autre s'impose et peut même devenir envahissante par son impact sur le système perceptif : la vision souvent déformée, l'odeur et la chaleur du corps de l'autre, le rythme de sa respiration constituent les signes d'une relation d'engagement avec l'autre et son corps ;
- la distance personnelle sépare la bulle de soi (l'espace propre) de celle des autres. Elle peut-être en mode proche (45 cm à 75 cm) ou lointain (75 cm à 125 cm). C'est la limite de l'emprise physique sur autrui ;
- la distance sociale marque la limite du pouvoir sur autrui. Elle peut-être en mode proche de 1.20 m à 2.10 m ou lointain de 2.10 m à 3.60 m comme ce qui se passe dans un bureau par exemple ;
- la distance publique située hors du cercle dans lequel l'individu est directement concerné. Elle est proche quand elle se situe entre 3.60 m et 7.50 m ou éloignée lorsqu'elle est de 7.50 m et plus. C'est la distance qu'imposent les personnages officiels importants par exemple.

Utilisée à bon escient, dans des proportions adéquates et dans le respect de l'autre, la synchronisation constitue un puissant moyen pour créer ou rétablir le rapport avec son interlocuteur. Cependant, vouloir se synchroniser en permanence sur tous les paramètres risque de produire l'effet inverse, c'est-à-dire la rupture du rapport. C'est pourquoi, il est important de sélectionner la manière la plus adaptée au contexte et la plus respectueuse de la personne à qui l'on s'adresse.

Dans ses interventions, le coach se synchronise au coaché et conduit l'entretien ; c'est l'art du « *pacing and leading* » utilisé par Milton Erickson dans ses interventions auprès de ses patients. Soulignons que la désynchronisation existe aussi et qu'elle peut s'avérer utile et efficace, notamment lorsqu'on cherche à interrompre la conversation.

1.2.2. Deuxième outil : le métamodèle

Le terme grec *meta* signifie « qui vient après ». Le métamodèle est donc un modèle qui « vient après » le langage et qui permet de l'étudier en allant chercher ce qui se cache derrière les mots. Il est également appelé un métalangage permettant d'aller voir ce qu'il y a derrière les mots.

---

[16] Hall T. EDWARD, *La dimension cachée,* Editions du Seuil, Paris, 1971, pp. 146-157.

C'est en observant Fritz Perls et Virginia Satir que John Grinder et Richard Bandler ont eu l'idée d'étudier la structure linguistique de leurs interventions. Rappelons que John Grinder a travaillé sur la grammaire transformationnelle et générative de Noam Chomsky (1985)[17]. Ce dernier distinguait trois structures dans le langage :

- la structure de référence, c'est-à-dire l'expérience sensorielle qui correspond à ce que j'ai perçu de la réalité grâce à mes cinq sens ;
- la structure profonde du langage est la représentation linguistique complète de l'expérience ; elle est liée à mon interprétation de ce que j'ai perçu ;
- la structure de surface du langage est la représentation linguistique partielle de l'expérience ; elle coïncide avec ce que je verbalise à propos de ce que j'ai perçu et interprété.

Le passage de la structure profonde du langage à la structure de surface s'accompagne d'une perte et souvent aussi d'une distorsion de l'information. Le métamodèle vise à repérer dans le langage les trois mécanismes de dérivation suivants : l'omission, la distorsion et la généralisation. En effet, un grand nombre d'informations présentes dans notre représentation interne ne se retrouvent pas dans nos phrases (omission) ou sont déformées (distorsion) ou généralisées abusivement. Quand cette dérivation est trop importante, la communication devient problématique.

Le métamodèle est un outil linguistique qui permet de préciser ce que l'interlocuteur essaie d'exprimer par des mots. Nous analysons en détail les trois mécanismes de dérivation pour bien comprendre comment s'effectue le passage de la conscience de ses perceptions à leur traduction verbale.

Les omissions

Dans la communication, il nous est impossible de tout entendre : nous prêtons attention à ce qui nous intéresse et nous laissons le reste. Une telle sélection nous permet d'aller vers l'essentiel. Cependant, ce mécanisme de filtrage des informations peut se révéler limitant quand nous passons à côté d'une information importante car nous ne l'avons simplement pas vue et / ou entendue ou lorsque nous oublions de mentionner un élément essentiel. Les différents types d'omission sont :

---

[17] Noam CHOMSKY, *Logical Structure of Linguistic Theory*, University of Chicago Press, Chicago, 1985.

- Les omissions de compléments : quand nous utilisons des verbes sans leur adjoindre les sujets, compléments d'objet direct et indirect qui permettraient d'en spécifier le sens. Par exemple :

    > « *Je suis déçu.* » : A propos de quoi êtes-vous déçu ?
    > « *J'y arrive.* » : Vous arrivez à quoi ? Comment ? Quand ? A quelle condition ?
    > « *Il espère.* » : Vous espérez quoi, comment, quand, où ?

    L'utilisation de verbes non spécifiques oblige l'interlocuteur à deviner une partie de l'information, ce qui peut générer des malentendus. Il s'agit alors d'aider la personne à compléter et à préciser sa pensée.
- Les omissions simples concernent les détails que l'interlocuteur ne précise pas. Par exemple : « *Expliquer comment faire ses devoirs prendrait beaucoup de temps* ». « *De quels devoirs s'agit-il, comment les faire et combien de temps cela prendrait pour expliquer comment les faire ?* », me direz-vous !
- Les omissions comparatives se caractérisent par l'usage de termes comparatifs en omettant de mentionner avec quoi on compare. Par exemple : « *Cet exercice est plus facile.* », « *Plus facile que quoi ?* », me direz-vous ! Justement, cette phrase comporte une omission comparative. Il convient de ne pas chercher à repérer toutes les omissions dans une phrase, mais seulement celles qui nous intéressent afin de retrouver l'information recherchée en posant les questions adéquates : qui, quoi, où, quand, comment, plus grand ou plus petit que quoi, etc.

Les distorsions

Par distorsion, nous entendons les structures linguistiques qui transmettent une image déformée de la réalité. Autrement dit, la distorsion conduit à interpréter de façon tronquée ce qu'une personne voulait dire. La plupart des distorsions proviennent de raccourcis qu'empreinte notre cerveau qui désire se représenter la réalité de façon simple. Les différentes catégories de distorsion sont :

> l'équivalence complexe : une phrase qui qualifie une personne, une situation, un objet. « *Il me regarde de travers, il me déteste !* ». Question possible à l'interlocuteur : « *En quoi le fait qu'il te regarde de travers prouve qu'il te déteste ?* » ;

- cause / effet : « *Il me rend triste !* ». Question possible : « *En quoi vous rend-il triste ?* » ;
- la lecture de pensée : « *Je sais bien ce qu'il pense !* ». Question possible : « *Et comment le savez-vous ?* ». La personne qui prononce une phrase de ce type prétend savoir ce qui se passe chez l'autre. Elle affirme être au courant des représentations de l'autre ;
- la présupposition du langage naturel : « *Quand je serai plus sûr de moi, je postulerai pour ce travail* ». Question possible : « *Qu'est-ce qui te fait croire que tu n'es pas sûr de toi ?* » ;
- le jugement incomplet : c'est un jugement dit sans préciser qui en est l'auteur. « *Ils disent qu'il est sympathique !* ». Question possible : « *De qui est cette opinion ?* ».

Les généralisations

Ce mécanisme consiste à tirer une conclusion à partir d'une expérience et à la généraliser à d'autres contextes. La généralisation permet de gagner en temps et en efficacité. Cependant, elle peut devenir limitante quand elle fige nos représentations. Il existe différents types de généralisation :

- les mots généralisants : ce sont des quantifieurs universels comme « *toujours* ». Par exemple : « *Il réagit toujours comme ça.* ». Question possible : « *Y a-t-il eu des moments où il a réagi autrement ?* » ;
- les opérateurs modaux de nécessité et de possibilité tels que : « *Il faut* », « *Je dois* », « *Je ne peux pas* ». A l'énoncé : « *Il faut répondre à son courrier.* », on peut poser la question : « *Que se passerait-il si on ne répondait pas ?* ». A l'affirmation : « *Je ne peux pas y arriver.* », il est utile de poser la question : « *Qu'est-ce qui t'en empêche ?* » ;
- les jugements universels : « *C'est mal de s'énerver.* ». Question possible : « *Qui a décrété cela ?* » ;
- les nominalisations : ce sont des mots abstraits souvent utilisés pour désigner des processus, des actions qui se déroulent dans le temps et dans l'espace : « *Notre travail est menacé.* ». Question possible : « *Qui menace votre travail ?* », « *De quelle manière votre travail est-il menacé ?* ». Dénominaliser permet de retrouver l'accès à la réalité et aux processus.

Lorsqu'il y a généralisation, le coach doit recadrer le coaché comme ce qui s'est passé dans le premier exemple présenté dans ce chapitre : « *Quand tu parles de « toutes » les matières, lesquelles sont-elles ?* ». Ce recadrage a obligé l'élève à indiquer précisément les matières dans lesquelles il a des difficultés.

En somme, l'exploration des mécanismes d'omissions, de distorsions et de généralisations permet de clarifier le contenu et le sens du discours de l'interlocuteur et d'améliorer la compréhension de ses représentations.

1.2.3. Troisième outil : les indicateurs physiologiques

La pensée est une séquence de représentations mentales sensorielles. Ce sont des images, des sons, des commentaires (petite voix interne), des sensations, des odeurs, des goûts qui se succèdent dans notre esprit. On distingue les perceptions (éléments externes) et les évocations (éléments internes), comme l'illustre le tableau suivant :

Tableau 8.   Perceptions et évocations

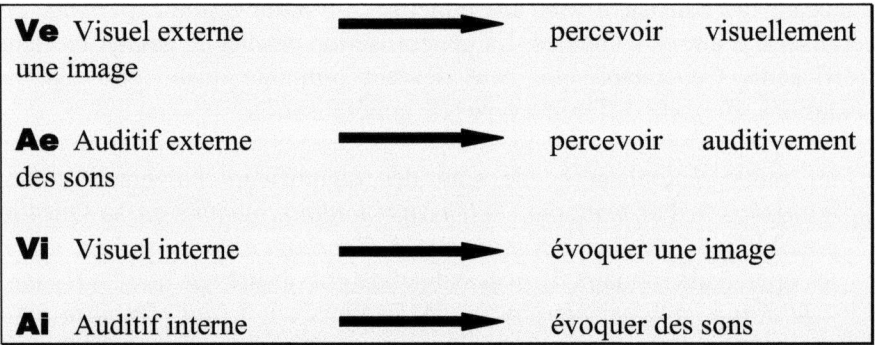

Chaque opération mentale réalisée dans notre esprit influence notre manière de communiquer. Il existe une corrélation entre nos perceptions, les usages sémantiques (métamodèles) et les indicateurs physiologiques. Dans le non verbal, ces indicateurs sont des opérations mentales dont les plus significatifs sont les accès oculaires, la respiration, les gestes, la voix.

Accès oculaires

Les indicateurs physiologiques les plus rapidement décelables sont les accès oculaires involontaires. Le schéma ci-après représente le visage d'une personne assise en face de vous et que vous observez.

Figure 6. Accès oculaires vus de face

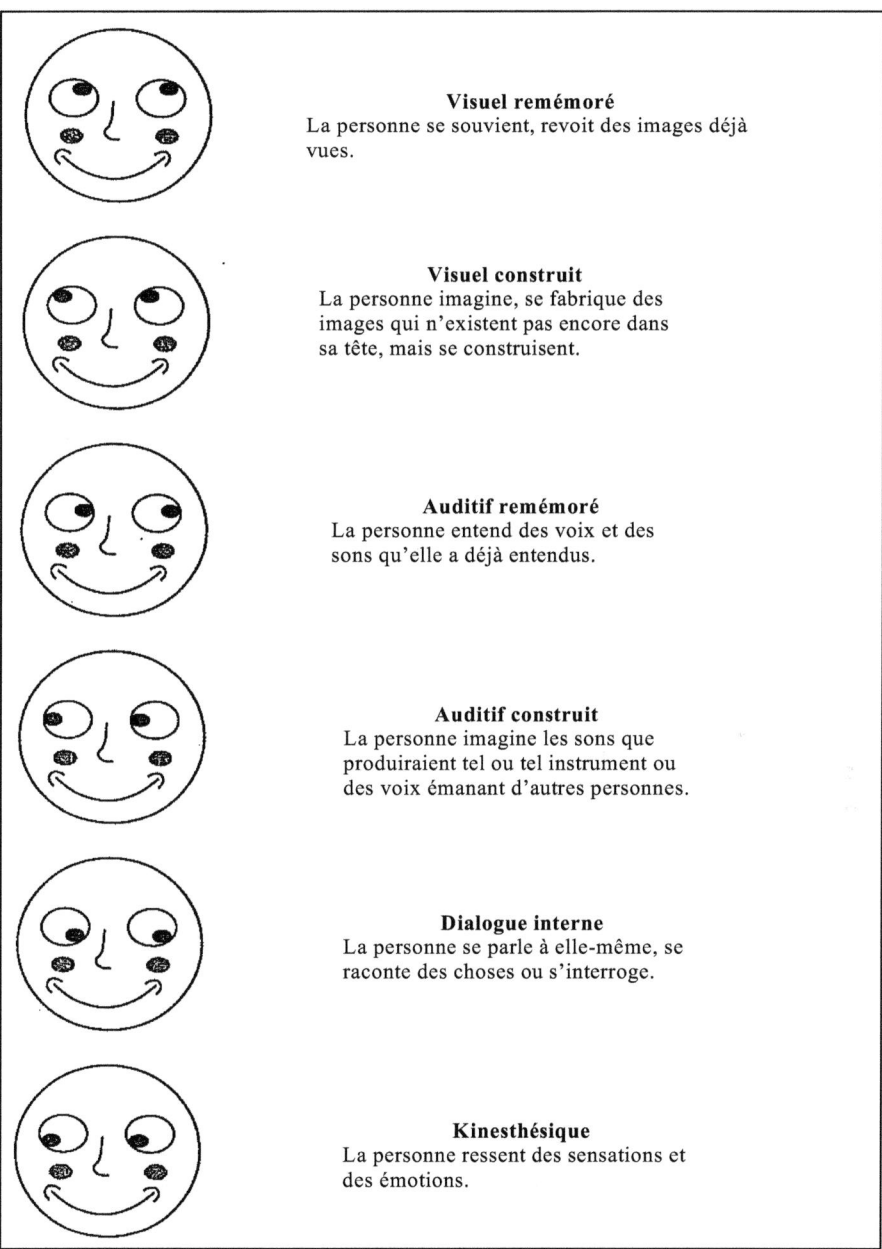

Ainsi, on ne s'étonnera pas que la personne qui parle ne nous regarde pas systématiquement ; la position de ses yeux nous donnera des indications sur les processus internes à l'œuvre en elle. Un élève regardant par exemple le plafond n'est pas forcément inattentif ou « *dans la lune* » ; il peut être en posture de réflexion et d'évocation visuelle.

Les mouvements des yeux précèdent l'expression verbale de la pensée. Souvent, ils sont en écho avec les prédicats :

➡ « *Je vois bien l'explication !* » avec les yeux en Visuel.

Parfois, les prédicats et les mouvements des yeux diffèrent.

Respiration, voix et gestes

La respiration, la voix et les gestes sont des indicateurs à mettre en corrélation avec l'observation des accès oculaires. En effet, lorsqu'une personne est dans un processus visuel, elle a tendance à parler rapidement avec un registre de voix proche des aigus. La plupart des ses gestes sont dirigés vers le haut et sa respiration est rapide. Lorsqu'elle est dans un processus auditif, elle parle sur un ton de voix intermédiaire, de manière régulière et rythmée, en inclinant la tête de temps à autre (position au téléphone) avec une respiration régulière. Quand elle est dans un processus kinesthésique, son débit de parole est lent, ponctué de pauses, sa voix est grave, ses gestes sont tirés vers le bas et sa respiration est lente. Chacun de nous peut, selon les circonstances et son état interne, adopter telle ou telle attitude mentale.

1.2.4. Quatrième outil : la détermination d'objectif

Cette technique est un puissant outil de motivation, de prise de décision et de changement. Elle peut être utilisée pour clarifier ses propres objectifs ou pour aider une personne à voir plus clair dans ses motivations. Un objectif est un but que l'on désire atteindre ; il doit être clarifié et les résultats attendus bien spécifiés. Fixer un objectif nécessite :

- de vérifier s'il est pertinent, réaliste et réalisable ;
- de préciser la manière pour l'atteindre et les moyens pour y parvenir ;
- de fixer un délai pour le réaliser ;
- d'identifier les obstacles qui pourraient empêcher sa réalisation.

> *Savoir ce que l'on veut, c'est viser un résultat spécifique, observable, mesurable et concret, formuler un objectif en termes positifs, en concevoir une représentation sensorielle, le concilier avec celui de ses interlocuteurs et l'équilibrer à court et long terme.*

La formulation d'un objectif doit répondre aux critères suivants :

- être formulé en termes positifs et spécifiques, centrés sur l'action. La formulation positive a pour but de transformer des désirs, des intentions souvent confuses, imprécises, compliquées en objectifs réalistes et spécifiques. Par exemple : « *Je veux apprendre comment travailler les leçons d'histoire pour améliorer mes notes.* » ;
- dépendre directement de soi ;
- être mesurable à l'aide d'éléments qui indiquent qu'on est dans la bonne direction et que le but est atteint. Par exemple : « *Je veux apprendre comment travailler mes leçons d'histoire afin d'atteindre 5 de moyenne.* » ;
- être réalisable ;
- être écologique, c'est-à-dire voir s'il y a un inconvénient à atteindre cet objectif, pour soi et pour les autres. Lorsqu'on opère un changement, on doit vérifier si celui-ci est en accord avec soi-même et respecte globalement sa vie. Il est préférable de se préparer aux problèmes éventuels et de trouver les moyens pour y faire face ou abandonner son objectif en connaissance de cause ;
- être contextualisé : préciser le contexte dans lequel il sera réalisé.

Figure 7. Processus de détermination d'un objectif

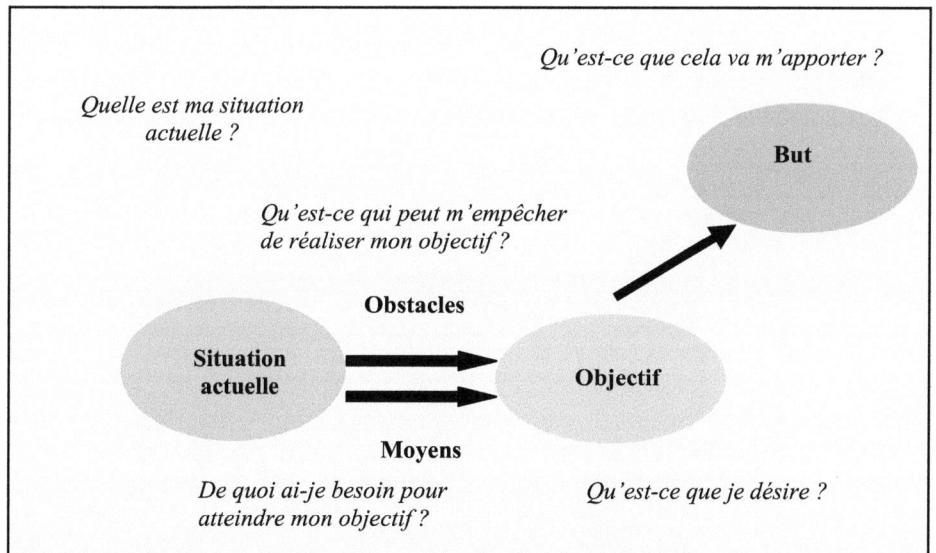

Clarifier un objectif, vérifier qu'il réponde aux critères susmentionnés placent la personne dans une dynamique proactive et autonome.

1.2.5. Cinquième outil : l'ancrage

Il s'agit d'utiliser de façon consciente la capacité qu'a notre cerveau d'associer un état interne à un stimulus (VAKOG) spécifique. Le stimulus qui déclenche la réponse est appelé ancre. L'ancrage est un mécanisme simple que nous utilisons inconsciemment chaque jour, comme par exemple associer un morceau de musique à un événement précis de la vie (annonce de la réussite d'un examen, rencontre amoureuse, etc.).

L'ancrage offre la possibilité de changer d'état interne pour vivre des situations de notre choix dans de meilleures conditions. Il permet de se mettre dans un état spécifique, de le renforcer et de le canaliser. Il est utilisé pour gérer les émotions.

Parmi les états internes éprouvés, certains sont vécus comme aidants et positifs (réussite d'un examen, partage d'une bonne nouvelle, etc.) et d'autres comme limitants et négatifs. Punir un enfant par exemple, en l'obligeant à écrire des dizaines de lignes, peut engendrer chez lui un ancrage négatif par rapport à l'écriture, ce qui n'est pas l'objectif initialement recherché.

Une ancre est un stimulus sensoriel qui déclenche automatiquement un état interne. La technique de l'ancrage se déroule en cinq étapes :

- calibrer : la calibration doit servir d'instrument de mesure, de repère permettant de savoir si l'ancre fonctionne. En effet, quand on réactive une ancre, on doit retrouver les mêmes indicateurs non verbaux qui existaient lors de l'ancrage ;
- choisir le canal de perception : réussir un ancrage nécessite de connaître le canal sensoriel privilégié de l'interlocuteur. Une ancre est efficace quand elle est installée dans le canal sensoriel le plus éloigné du système de représentations actuellement privilégié par l'interlocuteur ;
- choisir le moment opportun pour installer l'ancre ;
- vérifier pour savoir si l'ancre est bien installée ;
- faire le pont vers le futur : tout en réactivant l'ancre, demandez à l'interlocuteur d'imaginer une situation future qui, comme dans le passé, serait susceptible de lui poser des difficultés. Si l'ancrage est efficace, il découvrira qu'il peut maintenant utiliser ses ressources dans cette situation.

L'ancrage peut-être simple lorsqu'il s'agit d'activer ou de rendre disponible les ressources utiles dans la réalisation d'un objectif. On peut aussi procéder par empilement d'ancres et installer plusieurs ressources au même endroit dans le but d'amplifier la force de l'ancrage et de la ressource ancrée. Enfin, on peut désactiver ou annuler une ancre dans le but de se débarrasser d'une charge émotionnelle négative liée au passé. Cette désactivation est utile quand l'interlocuteur a une réaction inadéquate face à une situation donnée. Le changement se fait sans même avoir besoin de connaître l'origine ou le déclencheur de la réaction.

1.2.6. Sixième outil : les positions perceptuelles

La technique des positions perceptuelles est un des concepts clés de la PNL. Il s'agit de trois façons de percevoir une expérience :

- Position 1 : Soi (je)
- Position 2 : L'Autre (tu)
- Position 3 : Observateur (il, elle, on)

La première position : c'est la situation telle que je la perçois ou l'ai perçue de mon unique point de vue, selon ma propre réalité intérieure, et cela sans tenir compte de l'opinion des autres. J'évalue et juge la situation avec mes propres références, mes propres critères. A l'école, si un enseignant explique à un élève la vie d'un personnage historique en lui montrant ses photos et les lieux où il a vécu, l'élève voit les photos, entend l'enseignant qui lui parle et regarde les gestes qu'il fait. L'élève n'a que peu d'attention sur le contenu de l'explication donnée.

Dans la deuxième position, je me mets dans la position de mon interlocuteur et imagine ce qu'il pense et ressent dans cette situation. Bien entendu, il est impossible de savoir ce que l'Autre pense et ressent réellement. Néanmoins, c'est une démarche mentale pour faire un pas vers l'Autre et tenter de mieux comprendre sa carte du monde. Si nous reprenons le même exemple présenté dans la première position, l'élève peut s'imaginer être présent aux côtés de ce personnage historique, ou être lui-même ce personnage. Il visualise tous les détails en les ressentant de l'intérieur. En agissant comme acteur d'un événement historique, le cours d'histoire devient pour lui instantanément passionnant.

Dans la troisième position, j'envisage la situation à travers le regard d'un observateur externe dont la perception est différente à la fois de la mienne et de celle de mon interlocuteur. Depuis cette position, je m'imagine observer l'interaction entre mon interlocuteur et moi-même. Je suis donc extérieur à la situation. Dans notre exemple, l'élève va adopter une troisième position et visualiser simultanément en observateur plusieurs points de vue. Il peut à la fois se visualiser en train de suivre un cours, à la fois visualiser sa propre vie et à la fois visualiser la vie du personnage historique.

En adoptant différentes positions perceptuelles par rapport à un apprentissage, les élèves augmentent la richesse de leurs représentations mentales et donc de leur compréhension.

En général, la technique des positions perceptuelles est indiquée dans toutes les situations relationnelles afin de mieux comprendre les autres et de gérer les conflits en expérimentant trois positions dans leurs dimensions perceptuelles, mentales, corporelles et émotionnelles.

1.2.7. Septième outil : le *feed-back*

C'est un processus structuré d'échanges d'informations qui facilite l'atteinte de la réussite et de l'excellence. C'est un retour d'informations objectif, factuel, basé sur les perceptions externes visuelles et auditives. Le *feed-back* doit émaner d'une personne compétente avec qui une relation de confiance a pu être établie. Les éléments sur lesquels un avis est demandé doivent être spécifiés. Enfin, le requérant du *feed-back* doit écouter attentivement le retour fait par le coach et mettre en pratique les conseils.

Il est important de commencer un *feed-back* par les points positifs observés, avant d'aborder les aspects à améliorer. Par exemple : « *Tu as effectué un excellent travail de recherche pour rédiger cet exposé.* ». Il faut également prendre soin de le terminer par les éléments positifs pour créer un état interne positif. Tout changement de comportement doit préserver les sous-produits positifs de l'état présent.

L'efficacité d'un *feed-back* repose sur la qualité de son contenu, sa précision et son objectivité. Les jugements et ressentis personnels présentés comme des vérités sont à proscrire, surtout quand ils ont un caractère négatif. L'intention positive a pour but de donner ou stimuler la confiance en soi et l'auto-estime de son interlocuteur.

Après avoir défini la PNL et présenté ses présuppositions et ses outils, nous montrons comment cette technique est appliquée en coaching pédagogique.

2. Apprendre à apprendre avec la PNL : illustrations pratiques

Nous allons présenter trois exemples de coaching pédagogique. Ils concernent une apprenante en difficulté avec son cours d'histoire, un élève qui manque de confiance en lui lors des présentations en classe et un père qui a des difficultés à aider son enfant à faire ses devoirs.

2.1. Premier cas

Nathalie, 16 ans, en 9ème année du Cycle d'orientation.

Nathalie dit rencontrer des difficultés scolaires. Elle estime qu'elle n'obtiendra pas la moyenne nécessaire pour accéder au Collège en fin d'année. Après un long entretien, il s'est avéré que ses difficultés concernaient essentiellement la matière de l'histoire pour laquelle sa moyenne au premier trimestre ne dépassait pas 2.5 sur 6. Par conséquent, l'objectif de travail de coaching se focalisera sur la manière de travailler cette matière afin d'atteindre 5 de moyenne. Ce but est chiffré pour bien évaluer l'amélioration de son apprentissage.

Je présente ici l'entretien qui m'a permis de détecter le canal perceptif (visuel, auditif ou kinesthésique) privilégié par l'apprenante, canal qu'elle utilisera comme ressource pour travailler autrement ses leçons d'histoire tout en ayant un autre regard sur son professeur d'histoire.

2.1.1. Présentation de la séance de coaching

Coach :   *Tu m'as dit que tu as des difficultés scolaires. Je t'invite dans cette séance à m'en parler.*
Nathalie :   *Depuis le début de l'année, j'ai des difficultés dans toutes les matières au point que ma moyenne générale au 1er trimestre était*

	de 3.75. Cela me décourage et je pense que je vais doubler l'année.
Coach :	Quand tu parles de « toutes » les matières, lesquelles sont-elles ? (recadrage pour que l'élève indique précisément les matières dans lesquelles il a des difficultés).
Nathalie :	Je veux parler de l'histoire, de la géographie, de l'allemand.
Coach :	As-tu des difficultés dans toutes ces matières ? (recadrage).
Nathalie :	Pas dans toutes ces matières exactement. Disons que la matière dans laquelle j'ai de grandes difficultés est l'histoire car j'y ai obtenu au 1er trimestre une moyenne très faible : 2.5/6. Pour les autres matières, ma moyenne est suffisante ; elle se situe entre 4 et 4.5/6.
Coach :	Donc, si j'ai bien compris, la matière dans laquelle tu rencontres des difficultés est l'histoire (reformulation pour vérifier si ce que j'ai compris est bien ce que le coaché voulait dire).
Nathalie :	Oui, l'histoire.
Coach :	Désires-tu qu'on aborde cette matière ?
Nathalie :	Oui.
Coach :	Depuis quand éprouves-tu des difficultés en histoire ?
Nathalie :	Depuis 2 ans.
Coach :	Si on se réfère à cette année, je t'invite à me raconter comment se passe un cours d'histoire.
Nathalie :	Est-ce que je peux parler du dernier cours ?
Coach :	Oui, quand a-t-il eu lieu ? Combien étiez-vous en classe ? Comment était l'ambiance pendant ce cours ?
Nathalie :	Il a eu lieu mardi matin. Nous étions une vingtaine d'élèves à le suivre. Quand je suis arrivée au cours, je n'étais pas bien. D'ailleurs, je ne me sens jamais bien avant et pendant ce cours, car je le déteste, il est ennuyeux. Je me dis souvent que je ne pige rien.
Coach :	Tu ne te sens pas bien comment ? Peux-tu préciser ?
Nathalie :	Je suis irritée, nerveuse et je vois bien le moment où le prof commence son blabla, il cause beaucoup et ne laisse personne lui poser des questions. Son cours est rébarbatif.
Coach :	Comment ressens-tu ce moment ?
Nathalie :	Comme pas très sympa.
Coach :	Imagine qu'on est mardi matin et que tu assistes à ce cours, que vois-tu ? Qu'entends-tu ? Comment te sens-tu ?
Nathalie :	Je me sens irritée, nerveuse. Je vois mon prof arriver en faisant un grand bocan. Je l'entends déjà gueuler sur nous comme d'habitude avec une voix grave, horrible (...).

Coach :	*Pendant ce temps, que fais-tu ?*
Nathalie :	*Je regarde le document qu'il nous a distribué.*
Coach :	*Qu'écoutes-tu à ce moment-là ?*
Nathalie :	*Je n'écoute rien.*
Coach :	*Tu n'écoutes pas ton prof ?*
Nathalie :	*Je ne l'écoute pas du tout. J'ai zappé. En fait, je zappe toujours pendant ce cours.*
Coach :	*Qu'est-ce qui fait que tu zappes pendant ce cours ?*
Nathalie :	*La voix du prof. Il hurle tout le temps. En plus, son cours est ennuyeux et inintéressant.*
Coach :	*Comment peux-tu savoir que le cours est ennuyeux et inintéressant si tu ne l'écoute pas ?*
Nathalie :	(Nathalie marque un moment de réflexion ; posture : Visuel construit Vc.). *En fait, je n'entends rien. En plus, le prof n'utilise pas d'illustrations comme des images, des cartes, des transparents, ne distribue pas de textes... J'aimerais bien qu'il utilise des illustrations.*
Coach :	*Et s'il utiliserait des illustrations, que ferais-tu ?*
Nathalie :	*S'il utiliserait des transparents, des photos, des cartes, je suivrais le cours, je me concentrerais beaucoup plus. Par exemple je regarderais les images. Si j'avais en face de moi un texte, je le lirai pour bien comprendre, imaginer, me concentrer. Ce qui m'intéresse le plus c'est de regarder les choses au lieu de ne faire qu'écouter. Il est plus simple de suivre un cours en regardant les images et en lisant du texte exactement comme quand on lit une bande dessinée, c'est beaucoup plus intéressant, n'est-ce pas ?* (Dit-elle en s'adressant à moi avec un sourire et un air mêlant malice et intérêt).
Coach :	*Si pendant ce dernier cours tu avais eu un texte, qu'aurais-tu fait ?*
Nathalie :	*Je l'aurai lu, souligné les phrases, les événements et les dates importants. D'ailleurs, j'aime souligner quand je le lis et même colorier les choses importantes. Tous mes livres sont comme ça. Cela me permet de me rappeler beaucoup de choses.*
Coach :	*Si j'ai bien compris, il est facile pour toi de retenir les choses importantes quand tu les soulignes ou les colories ? Est-ce que cela est juste ?*
Nathalie :	*Oui. Tout le monde me dit que j'ai une bonne mémoire visuelle. Le dessin m'aide beaucoup et j'aime dessiner.*
Coach :	*Est-ce que tu as le cours de la semaine prochaine ?*
Nathalie :	*Oui.*

Coach :	*Ton prof vous l'a déjà distribué ?*
Nathalie :	*Oui.*
Coach :	*Quel sujet sera abordé dans ce cours ?*
Nathalie :	*La révolution industrielle.*
Coach :	*Je t'invite maintenant à prendre ce cours, de le lire et d'en faire un résumé. Tu disposes pour cela de 20 minutes.*

Nathalie sort sa trousse, étale des crayons de couleur, des stylos, des *stabiloboss*. Elle s'assied droite, le texte bien en face. Son regard commence à se promener sur la feuille et sa main cherche tantôt des crayons de couleur, tantôt des *stabiloboss*. Après 20 minutes, je lui demande de me décrire comment elle a procédé. Elle m'explique : choix de couleurs pour souligner les dates, événements et personnages importants de la révolution industrielle. Quand il s'agit d'une citation, elle l'a entourée d'une bulle comme dans une bande dessinée. Elle a même utilisé des *émoticônes* pour illustrer certaines circonstances.

Coach :	*Je t'invite à me faire part de ton résumé du cours.*
Nathalie :	*Je vais le lire…*

En 5 minutes, Nathalie lit son résumé d'une manière théâtrale, utilisant des gestes et changeant de voix pour imiter un personnage. Sa respiration change de rythme au gré des intonations de sa voix et de l'intensité des événements décrits. J'ai le sentiment à ce moment que le cours d'histoire est loin de lui paraître inintéressant, ennuyeux, mais qu'elle a pu trouver un réel plaisir à le travailler. Pour confirmer cela, je lui pose quelques questions.

Coach :	*Que ressens-tu maintenant après avoir fait ce résumé ?*
Nathalie :	*Je me sens très bien.*

Nathalie a l'air émue. Elle arbore un sourire de contentement.

Coach :	*Comment te sens-tu après cette lecture ?*
Nathalie :	*Je revois le film des événements et comment les choses se sont passées.*
Coach :	*Si tu avais vécu pendant la période de la révolution industrielle, quel rôle aurais-tu préféré tenir ?*
Nathalie :	*J'aurais aimé jouer le rôle d'une journaliste, un peu comme Tintin, pour décrire ce qui s'est passé à cette époque.*
Coach :	*Je t'invite alors à te situer au 19ème siècle, à jouer ce rôle de journaliste et à rédiger un article sur ce qui s'est passé.*
Nathalie :	*Excellente idée. Est-ce que je peux l'écrire comme je le veux ?*

Coach :   Oui.

Pendant 15 minutes, Nathalie rédige avec aisance et un air enjoué cet article. Par moment, elle sourit en regardant sa feuille. Contente et satisfaite, elle me rend sa copie.

Je propose à Nathalie de partager avec moi le contenu de son reportage. Elle choisit de le lire, ce qu'elle fait avec créativité, vitalité, enthousiasme, improvisation, beaucoup de plaisir et une bonne expression corporelle et vocale. Par moment, elle manifeste une forte émotion notamment quand elle décrit les mauvaises conditions de vie de la population à cette époque.

En fin de séance, je lui demande de me donner son impression sur le déroulement de cet entretien.

2.1.2. Feed-back de Nathalie

J'ai compris pourquoi je détestais ce cours et le prof. J'ai appris que je dois changer ma manière de travailler cette matière en lisant auparavant le cours et en utilisant les couleurs pour bien mémoriser les faits. Je peux aussi jouer le rôle d'actrice dans un événement historique pour trouver du plaisir à bien comprendre ce qui s'est passé. J'ai aussi appris que quand j'ai de mauvaises notes dans une matière, je ne dois pas le généraliser à d'autres disciplines dans lesquelles je suis moyenne mais pas faible.

2.1.3. Feed-back et recommandations du coach

Je conclue la séance par des recommandations sur la manière dont l'élève va aborder ses prochains cours d'histoire :

- ➢ adopter une stratégie d'apprentissage privilégiant le système perceptif visuel ;
- ➢ préparer les fiches-résumés de ses cours en utilisant du papier en couleur ;
- ➢ lire ces fiches ;
- ➢ utiliser les couleurs pour souligner et / ou colorier les titres, événements et dates importants ;
- ➢ visualiser dans sa tête le cours la veille ou le long du trajet de l'école.

Pour suivre et évaluer l'évolution de son apprentissage, nous programmons les séances de coaching la veille du cours d'histoire.

2.1.4. Analyse pédagogique

Nous présentons les prédicats et sous-modalités repérés lors de l'entretien, avant d'analyser les micro-stratégies d'apprentissage de l'histoire adoptées par l'élève afin d'atteindre son objectif.

Prédicats et sous-modalités

Nous présentons ci-après une liste de prédicats et de sous-modalités tels qu'ils ressortent de l'entretien avec Nathalie :

« *je suis irritée, nerveuse* »	**Ki**	Kinesthésique interne
« *je me dis souvent que je ne pige rien* »	**Di**	Digital interne
« *le prof cause beaucoup* »	**Ae**	Auditif externe
« *le prof a une voix grave et horrible* »	**Ai**	Auditif interne
« *le cours est ennuyeux et inintéressant* »	**Ki**	Kinesthésique interne
« *j'aime bien qu'il utilise des illustrations* »	**Ve**	Visuel externe
« *de l'antipathie à l'égard du professeur* »	**Ki**	Kinesthésique interne
« *je lirai le texte* »	**Ve**	Visuel externe
« *pour comprendre* »	**Vc**	Visuel construit
« *pour imaginer* »	**Vi**	Visuel interne

Chez Nathalie, le système perceptif dominant est le visuel. Elle manifeste le besoin de voir des illustrations (cartes, photos, textes) pour comprendre, imaginer les événements et se concentrer. Le fait qu'elle soit « visuelle » l'oppose à la posture de son professeur qui est auditif. Ce dernier ne fait que « *causer* » rendant son cours, « *rébarbatif* » et « *ennuyeux* » selon Nathalie. On est en présence de deux personnes utilisant des canaux perceptifs différents, d'où les sentiments d'incompréhension, de répulsion, d'ennui chez Nathalie qui la poussent à douter de ses compétences. Dans cette situation, Nathalie exprime de la répulsion à l'égard du cours d'histoire au point de douter d'elle-même puisqu'elle se dit « *qu'elle ne pige rien* ».

Micro-stratégies d'apprentissage de l'histoire

Les micro-stratégies représentent toutes les capacités, les compétences, la pensée, le savoir-faire que l'apprenant doit mobiliser pour atteindre son objectif : trouver la manière de bien travailler son cours d'histoire et d'améliorer sa moyenne.

Lors des séances de coaching suivantes, programmées exprès la veille du cours d'histoire, Nathalie arrive avec ses fiches coloriées ; elle raconte la manière dont elle les a préparées, le choix des couleurs utilisées pour mettre en valeur tel événement ou date historique et fait un résumé oral de la leçon. L'usage des couleurs l'a beaucoup aidée à mémoriser le cours. Lorsque l'apprenante visualise une leçon, elle peut sonoriser les événements qui s'y déroulent et ressentir l'émotion qu'ils engendrent.

En utilisant les positions perceptuelles, Nathalie s'imagine être à la place d'un personnage historique. Elle visualise alors tous les détails en les ressentant de l'intérieur. Le cours d'histoire devient plus passionnant qu'une fiction à la télévision, il est mieux compris et mémorisé.

Une autre option, proposée et essayée par Nathalie, consiste à se voir comme observatrice d'un événement historique, une sorte de « *journaliste* » qui va nous restituer le film de cet événement. Les résultats étaient probants puisqu'elle a raconté la révolution industrielle comme un reportage en décrivant les conditions économiques et sociales de la population anglaise du moment.

Progressivement, l'apprenante a trouvé du plaisir à travailler le cours d'histoire, à « *jongler* » comme elle dit avec les grandes dates et le nom des personnages historiques. Elle raconte certains événements comme un conte, un reportage en spécifiant les acteurs et le contexte spatio-temporel. Cette démarche a porté ses fruits puisque Nathalie a atteint ses objectifs : trouver la manière de bien travailler cette matière et améliorer sa moyenne qui est passée à 5.25 à la fin du troisième trimestre.

2.2. Deuxième cas

Kevin, 15 ans en 9ème année du Cycle d'orientation.

Kevin manque d'assurance à l'école. Son objectif est d'avoir confiance en lui.

2.2.1. Présentation du cas

Kevin manque de confiance en lui notamment quand il doit faire une présentation en classe. Cela perturbe son cursus scolaire, ses relations avec ses amis et inquiète ses professeurs. En effet, lors d'un exposé, bien que son texte soit bien documenté et rédigé, sa présentation se passe souvent mal ; il reste par exemple figé devant l'assistance, muet ; il a des trous de mémoire. Lorsqu'il résout un problème de maths au tableau, il le fait très bien. Or, dès que son professeur lui demande d'expliquer comment il a trouvé la solution, il se bloque ou il bafouille. Il s'agit ici de comprendre quel est l'état interne de Kevin dans ces situations, ce qui le provoque et ses conséquences (blocage, panique).

2.2.2. Technique de coaching utilisée

La technique utilisée dans cette situation est celle de « la création d'une nouvelle partie de la personnalité ». Elle consiste à repérer la partie que l'élève aimerait ajouter à sa personnalité ainsi que sa fonction. Pour Kevin, c'est « *avoir confiance en lui* ».

Déroulement de l'entretien

Coach :	*Tu m'as parlé de ton problème de manque de confiance en toi et je t'invite à me raconter quand cela se passe, où, avec qui et comment.*
Kevin :	*Cela se passe en classe quand je dois faire un exposé ou faire une démonstration de maths au tableau. Généralement, ça se passe toujours comme ça quand il y a du monde autour de moi ; je doute de moi et cela me bloque.*
Coach :	*Je t'invite à me parler de la dernière fois où tu as ressenti un manque de confiance en toi et de ce qui s'est passé à ce moment-là.*
Kevin :	*C'était la semaine passée. Je devais faire une présentation en sciences mais tout a « foiré ». J'étais stressé, angoissé. C'était*

	« la honte ». Je ne me rappelais de rien. C'est comme si j'avais un gros trou de mémoire. Le prof m'a demandé de lire mon texte, question de me rattraper, mais j'étais bloqué.
Coach :	Tu étais bloqué comment ?
Kevin :	Franchement, je ne me rappelais plus le thème de mon exposé, et pourtant c'était tout simple. Les copains se marraient. Bref, je n'étais pas bien.
Coach :	A ce moment-là, à quoi as-tu pensé ?
Kevin :	A me « barrer ».
Coach :	Qu'as-tu ressenti?
Kevin :	J'ai ressenti de la honte, j'entendais comme une voix qui me disait que je n'avais pas bien préparé mon exposé. Je m'imaginais tomber du haut d'une montagne.
Coach :	Quelle a été ta décision ?
Kevin :	J'ai repris mes papiers et j'ai lu texto ma présentation.
Coach :	A ce moment-là, que s'est-il passé ?
Kevin :	Pas grand-chose, tout le monde écoutait.
Coach :	Tu t'es senti comment après ta présentation ?
Kevin :	Un peu mieux, mais si j'avais fait mon exposé comme je voulais, ça aurait été extra.
Coach :	Et comment tu imaginais le faire ?
Kevin :	Sans regarder mes papiers, seulement en expliquant. J'avais tout en tête. Mais, en voulant tout dire, j'ai fini par paniquer, m'embrouiller et oublier l'essentiel. Je doutais de mes capacités.
Coach :	De quoi as-tu besoin à ce moment-là pour faire ton exposé sans lire tes papiers ?
Kevin :	D'avoir confiance en moi. D'être sûr de moi.
Coach :	Que penses-tu perdre si tu lis tes papiers au lieu d'exposer de mémoire ?
Kevin :	J'ai peur qu'on dise de moi que j'ai copié mon exposé sur Internet ou que quelqu'un me l'a écrit.
Coach :	Est-ce que cela est vrai ?
Kevin :	Non, pas du tout, je restais tard à la bibliothèque et j'ai lu beaucoup de choses sur Internet. Mon prof et mes copains le savent d'ailleurs.
Coach :	S'ils le savent, qu'est-ce qui te fait penser qu'ils pourraient dire cela de toi ?
Kevin :	Je ne sais pas. En fait, je n'aurais pas dû penser cela. J'ai parfois tendance à trop interpréter (léger sourire de Kevin). En plus, tous les copains font des exposés en lisant leurs feuilles. Même notre prof lit souvent ses notes. Tiens ! Rien ne m'empêche de lire mon texte si j'en ai envie au cas où je panique.

Coach :   *Maintenant, je t'invite à solliciter la partie créative en toi appelée « confiance en toi ». Prends ton temps et dès que tu seras prêt, tu me fais signe.*

Kevin était bien concentré et quelques secondes après, il me fait signe de la tête qu'il est prêt.

Coach :   *Dans quelle circonstance, quand et où es-tu en contact avec cette partie de toi qui est « la confiance en toi » ?*
Kevin :   *Quand je travaille seul ou lorsque j'aide mes copains à faire leurs devoirs.*
Coach :   *Quand tu aides tes copains à faire leurs devoirs, tu te sens comment ?*
Kevin :   *Je me sens bien, calme et très sûr de moi. Ce qui leur parait difficile est facile pour moi ; alors j'imagine être leur prof, ils m'écoutent, ils ont peur de moi. Leur voix est sympa. Ils me disent tout le temps : « sois sympa avec nous, explique-nous s'il te plaît (...) ». Ils m'offrent des sodas, du chocolat.*
Coach :   *Imagine que cette partie de toi qui est « la confiance » te parle, qu'est-ce qu'elle te dit, comment la perçois-tu ?*
Kevin :   *(...) elle me dit : « tu es plus intelligent qu'eux, explique-leur, fais le prof, comme ça ils vont t'écouter, te respecter ».*
Coach :   *Comment est le ton de sa voix ?*
Kevin :   *Elle me parle avec une voix ferme. Sa voix ressemble à celle de mon père quand il me demande de faire quelques choses (soupir !). Oui, il le demande de manière autoritaire et je le fais sans discuter. Cette voix me donne confiance en moi.*

Coach :   *Maintenant, je te propose d'imaginer un film où tu accomplis une tâche en toute confiance. Comment tu te vois ?*

Kevin s'est concentré un moment, l'air serein, confiant.

Kevin :   *Je suis en train d'aider mon voisin à faire ses devoirs de maths. Je me vois bien appliqué, confiant, ferme, donnant des ordres. Je lui explique bien comment faire. Je le gronde aussi quand il ne fait pas ce que je lui demande.*

A ce moment, son débit de parole est lent, ponctué de pauses, sa voix est grave, ses gestes sont dirigés vers le bas et sa respiration est lente.

Coach :   *Comment te sens-tu dans cette situation ?*
Kevin :   *Je me sens compétent, apte à bien faire, à bien expliquer sans hésitations et sans douter de ce que je dis, de ce que je fais.*
Coach :   *Retiens les séquences importantes de ce film et quand tu seras prêt tu me fais signe.*

Quelques secondes après, Kevin hocha la tête pour me signifier qu'il est prêt.

Coach :   *Je te demande d'associer ce que tu ressens au moment où tu n'avais pas confiance en toi.*

Kevin se concentre, il est assis bien droit, sa respiration et le ton de sa voix sont réguliers.

Kevin :   *Je m'imagine faire mon exposé devant la classe. Je me sens sûr de moi, confiant, j'explique bien, je vois les autres comme des élèves à qui j'apprends quelques choses. Si j'arrive à aider les copains à faire leurs devoirs, j'arriverai à faire des exposés devant eux.*
Coach :   *Maintenant, y-a-t-il en toi une partie qui te fait douter ?*
Kevin :   *Non. Je me sens plus confiant.*

Pont sur le futur.

Coach :   *Je t'invite à te doter de cette partie « confiance en toi » et à te mettre dans la situation de la semaine prochaine où tu vas présenter le prochain exposé. Comment vas-tu te sentir ?*
Kevin :   *Je serai beaucoup plus à l'aise, je n'aurai aucun doute sur mes capacités à présenter mon travail sur le développement durable. J'ai déjà terminé d'écrire mon exposé. Je vais utiliser beaucoup d'images, comme ça je peux les commenter. Je me fais déjà un film de ce que je vais dire. En plus, je vais utiliser le power point. Mon frère m'a montré comment il fonctionne, comme ça je n'ai même pas besoin de papier. Tout sera sur écran ; je me mettrai derrière et je lirai si vraiment j'ai besoin de le faire.*

Retour au présent

Coach :   *Comment te sens-tu par rapport au début de la séance ?*
Kevin :   *Je suis confiant, moins stressé, moins angoissé, plus à l'aise car je ne pense qu'à ce que je vais présenter et dire, mais pas au prof*

ni aux copains. Je suis sûr que mon exposé va intéresser tout le monde. Et puis, j'ai trouvé le moyen de présenter mon exposé avec plus de confiance.

2.2.3. Feed-back de Kevin

A l'issue de cet entretien, Kevin m'a fait part de ses impressions :

- ➢ lorsqu'il a confiance en lui, il se sent calme, bien centré sur sa personnalité créatrice ;
- ➢ quand il aura un exposé, il se remémorera une situation où il avait confiance en lui ; cela l'aidera à vaincre ses doutes ;
- ➢ il a découvert le moyen d'améliorer sa présentation (usage du *power point*) ce qui lui donne davantage confiance en lui.

2.2.4. Feed-back du coach

Kevin a fait un énorme progrès pour recouvrer la confiance en lui. Notre travail lui a permis de :

- ➢ se centrer sur ses ressources positives comme ses compétences, ses aptitudes à bien faire, son sens du raisonnement, etc. Ces ressources l'aident à surmonter ses hésitations ;
- ➢ trouver les éléments déclencheurs de la confiance en lui comme l'estime de soi, la motivation et la confiance en ses capacités.

Kevin a atteint son but, car il a mis en valeur ses ressources et compétences afin d'aboutir à l'état désiré qui est celui d'avoir confiance en lui et ce grâce à la résolution de conflits internes en faveur de la partie en lui qui le met en confiance au détriment de celle qui le fait douter.

2.3. Troisième cas

André, 46 ans, père d'un enfant de 9 ans.

André trouve des difficultés à aider son enfant âgé de 9 ans à faire ses devoirs. Son fils refuse son aide et s'angoisse à l'idée que son père le soutienne.

Cela a commencé quand son enfant a obtenu de mauvaises notes au premier trimestre. La maîtresse a convoqué les parents et leur a demandé d'aider davantage leur enfant à faire ses devoirs ou de lui trouver un répétiteur. André a décidé « de prendre les choses en main » et de consacrer, chaque jour, deux heures pour travailler avec lui. Or, les choses se sont mal passées. André s'est montré verbalement violent avec son fils lorsque ce dernier n'arrivait pas à faire correctement des exercices « faciles » de maths comme les additions et les soustractions. André sent son fils distrait et non intéressé par les devoirs. A chaque fois qu'il est l'heure de faire ses devoirs, il crie, pleure, pique de « grosses colères » et s'enferme dans sa chambre. Après plusieurs tentatives infructueuses, André fait appel au voisin pour aider son enfant à faire ses devoirs. Il se sent coupable et désemparé parce qu'il n'a pas su, dès le départ, établir un bon contact avec son enfant et créer un climat d'accompagnement serein.

Objectif : trouver une méthode pour aider son fils à faire ses devoirs et lui faire accepter cette aide.

La technique utilisée a pour but de faire émerger chez le père les compétences qui vont l'aider à comprendre le mode de fonctionnement de son enfant et à trouver la méthode de travail à utiliser avec lui pour qu'il puisse se concentrer et faire ses devoirs.

2.3.1. Présentation de la séance de coaching

Coach :   *Vous m'avez contacté parce que vous ne savez pas comment aider votre fils à faire ses devoirs ainsi que pour lui faire accepter votre soutien. Est-ce que c'est toujours votre objectif ?*
André :   *Oui, c'est toujours mon objectif.*
Coach :   *Je vous invite à me parler des circonstances qui vous ont poussé à aider votre enfant.*
André :   *C'était après notre entretien avec sa maîtresse lors de la remise de son carnet du premier trimestre.*
Coach :   *Qui était présent à cet entretien ?*
André :   *Mon épouse, mon fils de 9 ans, moi et bien entendu la maîtresse (sourire).*
Coach :   *Que vous a-t-elle dit ?*
André :   *Elle nous a remis le carnet de mon fils en nous expliquant qu'il avait obtenu une moyenne générale de 3/6 et que s'il continuait sur cette voie, il risquait de doubler sa troisième.*

Coach :	*Elle vous a parlé des matières qu'il doit travailler ?*
André :	*Il doit travailler toutes les matières ?*
Coach :	*Mais dans quelles matières votre fils a de très faibles notes ?*
André :	*En maths et français, mais surtout en maths.*
Coach :	*Il a eu combien en maths ?*
André :	*Il a eu 2/6.*
Coach :	*Est-ce que ce problème de maths date de cette année ou d'avant ?*
André :	*Mon fils a eu juste la moyenne les années passées, mais cette année, c'est la catastrophe puisqu'il n'a eu que de mauvaises notes qu'il nous a cachées.*
Coach :	*Il vous a caché ces notes ?*
André :	*Moi, je ne les ai pas vues.*
Coach :	*Et sa mère, est-ce qu'elle les a vues ?*
André :	*Je ne sais pas. Je pense que si elle les avait vues, elle me l'aurait dit.*
Coach :	*Comment avez-vous réagi à l'annonce de cette moyenne générale de 3/6 ?*
André :	*J'étais bien entendu en colère. Je n'imaginais pas que mon fils pouvait avoir une si mauvaise note en maths.*
Coach :	*J'ai parlé de la moyenne générale.*
André :	*Oui, une très faible moyenne, mais je suis surtout surpris par ses notes en maths.*
Coach :	*Y a-t-il une raison à cette surprise ?*
André :	*Oui, j'étais très bon en maths, moi* (dit-il avec étonnement et traits du visage fermés).
Coach :	*Vous étiez très bon en maths, dites-vous, et alors ?*
André :	*Alors mon fils doit lui aussi être très bon, en tout cas pas si nul* (sa voix devient grave).
Coach :	*Que vous a dit la maîtresse après ?*
André :	*Elle nous a dit de l'aider à faire ses devoirs à la maison ou de lui prendre un répétiteur. Il doit aussi s'appliquer et être plus soigneux dans ses devoirs.*
Coach :	*Qu'est-ce que vous avez décidé, votre épouse et vous ?*
André :	*J'ai décidé de l'aider puisque je suis très bon en maths.*
Coach :	*Vous avez décidé de l'aider comment ?*
André :	*J'ai décidé de lui consacrer 2 heures chaque soir dès mon retour du travail.*
Coach :	*Et pour le français, qui allait l'aider ?*
André :	*C'est sa mère qui s'en est occupée. Moi, ce sont les maths.*

Coach :	*Maintenant que vous avez décidé de travailler avec lui les maths, comment vous y êtes-vous pris ?*
André :	*Je lui ai dit qu'on ferait les maths ensemble presque tous les soirs pendant 2 heures.*
Coach :	*Ne pensez-vous pas que c'est beaucoup, 2 heures de maths tous les soirs pour un enfant de 9 ans ?*
André :	*Non. Il est nul et donc il faut tout rattraper.*
Coach :	*Rattraper quoi ?*
André :	*Tout son retard en maths.*
Coach :	*Vous le trouvez nul comment ?*
André :	*Il ne sait même pas faire des opérations simples d'addition et de soustraction, des opérations qu'un enfant de 2ème peut faire facilement.*
Coach :	*Je vous invite à me parler de la première fois où vous l'avez aidé. Cela s'est passé quand et comment ?*
André :	*En décembre. Je suis rentré vers 18h00 du travail.*
Coach :	*Vous étiez comment ?*
André :	*Fatigué car j'ai eu une longue journée.*
Coach :	*Alors, que s'est-il s'est passé ?*
André :	*J'ai appelé mon fils qui était en train de jouer comme d'habitude dans sa chambre. Je lui ai demandé d'apporter ses cahiers.*
Coach :	*Et puis (...)*
André :	*Il est venu en traînant ce qui m'a énervé. En plus, il n'a pas pris son crayon.*
Coach :	*Qu'avez-vous fait à ce moment-là ?*
André :	*Je l'ai grondé pour qu'il apporte son crayon.*
Coach :	*Comment a-t-il réagi ?*
André :	*Il a poussé un grand cri et il est retourné chercher son crayon en pleurant.*
Coach :	*Et ensuite, que s'est-il passé ?*
André :	*Je lui ai demandé d'arrêter de pleurer et de faire 3 exercices faciles de maths.*
Coach :	*Vous lui avez expliqué ce qu'il devait faire ?*
André :	*Non. Il n'y avait rien à expliquer ; c'était $X + X$.*
Coach :	*Qu'a-t-il fait ?*
André :	*Il a traîné longtemps pour faire le premier. Par moment, il réfléchissait ou regardait ailleurs.*
Coach :	*Qu'est-ce que vous avez fait à ce moment ?*
André :	*J'ai piqué une monstre colère et j'ai crié. J'ai failli le « baffer ». C'est quoi ça ? Il ne sait même pas faire une simple addition, c'est le comble quand même !*

Coach :	*A ce moment-là, comment a-t-il réagi ?*
André :	*Il a commencé à pleurer et à crier. Il voulait quitter la table, mais je ne l'ai pas laissé.*
Coach :	*Que s'est-il passé alors ?*
André :	*Il s'est calmé et il a fait des opérations, mais tout était faux. Alors, j'ai crié sur lui et je l'ai envoyé dans sa chambre. Il a été privé de dîner.*
Coach :	*Vous ne lui avez pas expliqué ce qu'il a fait comme erreur ni comment il faut faire l'exercice ?*
André :	*Pas du tout. J'étais en colère.*
Coach :	*Comment s'est passé la fois suivante où vous l'avez aidé ?*
André :	*Très mal. D'ailleurs, dès que je suis rentré à la maison, il a commencé à pleurer dans sa chambre. Quand je l'ai appelé, il a refusé de venir. Il a fallu que sa mère le traîne par la force au salon.*
Coach :	*Que s'est-il passé ensuite ?*
André :	*La même histoire. Il faisait les exercices en pleurant, donc pas concentré. Et je l'ai grondé.*
Coach :	*Et les fois suivantes, comment les choses se sont passées ?*
André :	*C'était pire à chaque fois ; des cris, des pleurs...*

André a le visage fermé, sa voix est grave, ses gestes vont vers le haut et sa respiration est rapide.

Coach :	*Et après, qu'avez-vous décidé, votre épouse et vous ?*
André :	*Mon épouse m'a dit qu'elle a demandé au fils des voisins de l'aider à faire ses devoirs. Ce garçon est sérieux, gentil et connaît bien notre fils. Il est venu régulièrement l'aider.*
Coach :	*Comment était le comportement de votre fils avec lui ?*
André :	*Il était bien. Il se sentait bien avec lui, ils riaient en travaillant.*
Coach :	*Comment étaient les résultats de votre fils en maths ?*
André :	*Il a réussi à augmenter sa moyenne qui est passée à 4. C'est encore très faible mais c'est mieux que rien* (soupir).
Coach :	*Vous êtes content de ce résultat ?*
André :	*Disons, satisfait.*
Coach :	*Je vous invite à revenir à la première fois où vous avez commencé à aider votre fils.*
André :	*Oui.*
Coach :	*Dans quel état étiez-vous ?*
André :	*J'étais très fatigué après une longue journée de travail.*

Coach :	*De quoi aviez-vous besoin ?*
André :	*De repos, de calme.*
Coach :	*Comment se fait-il que vous ne vous soyez pas reposé avant de commencer à aider votre fils ?*
André :	*J'ai pensé l'aider d'abord, comme ça c'était réglé.*
Coach :	*Qu'est-ce qui était réglé ?*
André :	*Les devoirs seraient faits.*
Coach :	*Et si vous vous étiez reposé avant, est-ce que vous pensez que votre comportement aurait été différent ?*
André :	*Peut-être.*
Coach :	*Comment aurait-il été ?*
André :	*J'aurais été plus calme.*
Coach :	*Supposons que vous ayez été calme, qu'auriez-vous fait ?*

Un moment de concentration pour André.

André :	*J'aurais gentiment appelé mon fils. Je lui aurais demandé d'apporter ses affaires au salon pour travailler les maths.*
Coach :	*Et après.*
André :	*Une fois, autour de la table, je l'aurais aidé.*
Coach :	*Vous l'auriez aidé comment ? Imaginez qu'il est là devant vous et que vous allez l'aider, vous commenceriez par quoi ?*
André :	*Je prendrais son cahier, je l'ouvrirais puis regarderais avec lui ce qu'il y a à faire.*
Coach :	*Et après.*
André :	*Je ne sais pas (moment de silence)*
Coach :	*Imaginez que vous êtes bien reposé, que le cahier des devoirs est ouvert devant vous, comment allez-vous procéder pour faire les maths avec votre enfant sachant que vous êtes bon dans cette matière ?*

Le coach cherche à faire émerger la ressource positive chez André, ses compétences en maths, pour l'aider à les utiliser.

André :	*Oui, c'est vrai que je suis bon en maths... Eh bien je commence par expliquer à mon fils ce qu'on va faire.*
Coach :	*Et qu'est-ce que vous allez faire ?*
André :	*Un exercice sur les additions.*

Coach :	Et vous lui expliquerez cela comment ?
André :	Je lui dirai ce que signifie une addition puis comment on pose les chiffres sur la feuille, le signe + aussi et à la fin comment on additionne.
Coach :	Je vous invite à me montrer comment vous auriez fait concrètement.

André prend une feuille et, tout en expliquant la démarche, il pose les chiffres sur la feuille avec le signe + écrit en gros puis il décrit ce qu'il fait.

Coach :	Vous auriez utilisé autres choses pour lui expliquer comment faire ?
André :	Oui. Je me rappelle, quand j'étais petit, on utilisait un boulier pour compter. Je l'ai toujours et je l'aurais utilisé. C'est une très bonne idée. Comment n'y ai-je pas pensé ! (dit-il de manière étonné).
Coach :	Votre fils aurait aimé l'utiliser ?
André :	Oui. Il a joué avec quand il était petit.
Coach :	Qu'auriez-vous utilisé d'autres pour l'aider ?
André :	Les cartes du Yougi you. Il sait jouer avec. Il peut compter avec.
Coach :	En plus de la méthode, décrivez-moi comment vous vous seriez comporté avec lui ?
André :	Je me serais comporté naturellement.
Coach :	Naturellement comment ?
André :	Sans crier ni me fâcher ?
Coach :	Vous lui aurez dit quoi par exemple ?
André :	Je lui aurais dit : « Je vais moi aussi faire un exercice de maths comme toi ; regarde comment je vais faire. Tu pourras faire comme moi ». Et je lui aurais montré comment je calcule.
Coach :	Pouvez-vous me dire quelle réaction aurait eu votre fils si vous l'avez aidé comme ça, sans crier ni vous fâcher ?
André :	Il aurait été content comme avec le répétiteur. Il est très sensible et maintenant je comprends pourquoi il n'aimait pas faire ses devoirs avec moi.
Coach :	Que comprenez-vous ?
André :	Que j'étais agressif avec lui et... (un moment d'interruption, André réfléchit)
Coach :	et ?
André :	J'aurais dû être plus gentil, parler doucement avec lui, faire les maths en jouant ; ça l'aurait aidé.

Coach :	*Pensez-vous que votre fils aurait aimé cette façon de faire ?*
André :	*Oui.*
Coach :	*Comment vous sentez-vous maintenant après avoir trouvé la façon de faire avec votre enfant ?*
André :	*Je me sens à la fois mal car j'ai « foiré » ma relation avec lui et en même temps content car je sais comment faire.*
Coach :	*En maintenant, que pensez-vous faire ?*
André :	*Je vais faire quelques jeux en utilisant les maths, sachant que son répétiteur continuera à l'aider. Je veux juste qu'il réapprenne à aimer faire les devoirs avec moi. Tiens, peut-être que je ferai le français avec lui avant de faire les maths. Je verrai. L'essentiel est que je sache comment faire avec lui.*

2.3.2. Feed-back d'André

Je me suis rendu compte que ma manière de fonctionner avec mon enfant était inadéquate et qu'elle ne pourrait m'amener qu'à l'échec. J'ai compris que j'aurais dû d'abord me reposer avant de commencer à l'aider et qu'il ne sert à rien que je crie ou que je me fâche, car cela le pousse à s'énerver, à m'éviter, à refuser que je l'aide et à détester les maths. J'ai également trouvé la méthode de travail à utiliser avec lui pour qu'il puisse se concentrer et faire ses devoirs comme l'usage du boulier, du *Yougi you*, des jeux.

2.3.3. Feed-back du coach

A l'issue de notre travail de coaching, André a :

- ➢ trouvé la méthode pour aider son fils (usage du boulier, du *Yougi you*, des jeux) ;
- ➢ compris qu'il peut faire appel à ses ressources, comme par exemple ses compétences en maths, pour lui faire aimer cette matière ;
- ➢ retrouvé confiance en lui pour rétablir le contact avec son enfant ;
- ➢ reconnu le côté fragile de son fils.

André a atteint son but, car il a mis en valeur ses ressources et compétences afin de corriger sa manière de faire et de faire-faire dans un climat serein dépourvu de stress et d'angoisse.

3. *Conclusion*

En pédagogie, les outils de la Programmation Neuro-Linguistique (PNL) permettent de décoder les stratégies mentales que les apprenants, enseignants et parents utilisent pour trouver la manière adéquate voire efficace d'apprendre, de transmettre ou d'aider à assimiler les connaissances. Grâce à ces outils, chaque acteur de l'apprentissage trouvera en lui les ressources et les compétences nécessaires pour atteindre ses objectifs.

Quelle que soit la qualité des explications d'un enseignant, si l'apprenant ne sait pas comment faire pour apprendre, mémoriser ou s'il manque de confiance en soi, le résultat sera médiocre car il finira par être convaincu qu'il a des limites intellectuelles qui l'empêchent de progresser. Il sera alors découragé et accumulera les échecs.

Un apprenant « nul » n'existe pas. Avant de lui donner une tâche à accomplir, il faut vérifier s'il sait comment gérer les informations qu'il va recevoir.

De la même façon, un enseignant « nul » n'existe pas non plus. Avant de donner son cours, il est important qu'il pense à la manière de transmettre les connaissances, c'est-à-dire à la manière de faire et de faire-faire, ainsi qu'à la capacité de réception des informations par ses élèves.

Une stratégie pédagogique réussie facilite les rapports apprenant-enseignant-parent. Les mal entendus, les incompréhensions, les préjugés des uns sur les autres cèderont la place au plaisir d'apprendre et de transmette mieux et efficacement.

Chapitre 3

L'explicitation en coaching pédagogique

Ce que l'on conçoit bien s'énonce clairement et les mots pour le dire arrivent aisément.
Boileau

L'explicitation est un outil utilisé pour retrouver et faire décrire des souvenirs d'événements vécus, anciens ou récents, traumatiques ou heureux. Elle s'articule autour de trois activités. D'abord sur la compréhension et la résolution de troubles émotionnels (la résilience) ; ensuite sur la capacité à mettre à jour, grâce au coaching, des stratégies d'action des personnes coachées, et enfin sur la recherche scientifique pour tout ce qui touche à la mémoire et à l'expérience subjective (1998)[18].

Basée sur le modèle de la cognition développé par Jean Piaget (1995)[19] et sur le modèle de la mémoire concrète issu du travail de Gustave Gusdorf (1993)[20], l'explicitation propose de nouvelles pistes pour activer la mémoire de manière relativement fiable et susciter les souvenirs d'événements vécus avec toute leur complexité visuelle, auditive et kinesthésique.

Dans ce chapitre, nous analysons l'entretien d'explicitation, ses objectifs, ses spécificités avant d'aborder son usage dans le cadre du coaching pédagogique.

1. *L'explicitation : spécificités et pratiques d'une technique*

L'explicitation est une technique de questionnement qui stimule la description de l'événement vécu pour faciliter sa compréhension, l'apprentissage cognitif et l'assimilation émotionnelle. Elle se pratique à deux

---

[18] Claire PETITMENGIN-PEUGEOT, *Recherches sur l'explicitation de l'expérience intuitive*, Ecole Polytechnique, Paris, 1998.
[19] Howard E. GRUBER et Jacques VONECHE, *The essential Piaget, An interpreteive Reference and Guide*, Jason Aranson Inc., Londres, 1995.
[20] Georges GUSDORF, *Mémoire et personne*, PUF, Paris, 2è Edition 1993.

(intervieweur, interviewé) dans le cadre d'une relation d'aide : enseignement, coaching, thérapie, etc. L'intervieweur pose des questions précises et spécifiques tandis que l'interviewé décrit l'événement vécu qui lui paraît important. Souvent, il est tellement absorbé par cet événement qu'il en reproduit les gestes et oublie son environnement immédiat. L'événement est ainsi vécu dans toute sa force sensorielle.

1.1. Les concepts de l'entretien d'explicitation

Les concepts clés de l'entretien d'explicitation s'articulent autour de la mémoire concrète et de la pensée abstraite.

1.1.1. La mémoire concrète

Dans l'entretien d'explicitation, la mémoire est stimulée et le recueil d'informations approfondi. Le but est d'obtenir des descriptions riches, sensorielles et circonstanciées des événements. Par exemple, un élève qui décrit comment il a raisonné pour trouver la solution à un problème de mathématiques. La mémoire concrète a été étudiée par Georges Gusdorf (1993)[21] qui lui a attribué les caractéristiques suivantes :

- ➢ La mémoire concrète est contextualisée. Elle fait intervenir un acteur (celui qui se souvient), en relation avec une action (geste mental et / ou physique) précise dans un contexte spécifique (lieu déterminé, moment précis).
- ➢ La mémoire concrète est sensorielle. Les souvenirs sont stockés sous forme d'images, de perceptions auditives, tactilo-kinesthésiques, olfactives et gustatives.
- ➢ La mise en mots de la mémoire concrète est possible, c'est-à-dire qu'on peut rendre les souvenirs conscients et les verbaliser (1994)[22].
- ➢ La mise en mots des souvenirs issus de la mémoire concrète n'est pas spontanée. Un questionnement adapté permet de guider l'interviewé à retrouver ses souvenirs et à les exprimer.
- ➢ La mémoire concrète n'est pas l'inconscient.

---

[21] Cf. Georges GUSDORF, op. cit.
[22] Pierre VERMERSCH, *L'Entretien d'Explicitation*, ESF Editeur, Paris, 1994.

La verbalisation de l'action ou la tâche explicitée permet de clarifier la pensée de l'interviewé. Le fait qu'un élève dise : « *Je ne suis pas bon en histoire parce que j'ai des problèmes à apprendre par cœur (...)* » et qu'il explicite comment il n'arrive pas à apprendre et les moyens qu'il peut mobiliser pour apprendre autrement montre bien la prise de conscience d'une difficulté et en même temps de la conduite à entreprendre pour la surmonter.

Un enseignant racontait qu'il avait des difficultés relationnelles avec un élève mais il en ignorait les raisons. En explicitant ce qui s'est passé la dernière fois où il a sollicité son élève, il s'est rendu compte des facteurs qui ont déclenché cette dissymétrie relationnelle. En effet, pour permettre à l'élève de prendre conscience de son manque de travail, il l'avait envoyé résoudre un problème compliqué au tableau devant toute la classe. En voulant lui donner une leçon, l'enseignant l'a humilié et le résultat attendu n'a pas été atteint. A ce moment-là, il nous a fallu à la fois aider l'enseignant à analyser le problème tel qu'il l'avait perçu, les objectifs qu'il s'était fixés, les moyens qu'il avait choisis pour les atteindre et les résultats obtenus, pour lui permettre de repérer en quoi les moyens choisis n'avaient pas été bien adaptés à la situation. Pour ce faire, il nous a fallu lui faire réaliser ce qu'il y avait de légitime dans sa démarche, c'est-à-dire que l'élève se rende compte par lui-même que son travail scolaire était insuffisant. C'est grâce à ce travail que nous avons pu aider l'enseignant à réexaminer ce qu'il avait fait et repenser les objectifs et les moyens choisis.

L'entretien d'explicitation amène l'interviewé à prendre conscience des gestes physiques et mentaux issus de la mémoire concrète. Il met les personnes directement en contact avec leur expérience, d'où des descriptions plus riches de l'événement. Ainsi, on est en présence de ce qui est appelé « l'état d'explicitation ». Celui-ci est défini comme « *un état mental dans lequel la personne retrouve le souvenir d'une action vécue, se la représente et la décrit dans les détails, sans chercher à ce moment-là à l'analyser ou à l'expliquer.* » (Henry Roux De Bézieux, 1999, p. 20)[23].

Pour savoir si l'interviewé est en état d'explicitation, l'intervieweur surveille un certain nombre d'indicateurs qui lui donnent un *feed-back* permanent sur la bonne marche de l'entretien.

---

[23] Henry Roux DE BEZIEUX, *L'entretien d'explicitation en entreprise*, Paris, Dunod, 1999.

Figure 8. Les indicateurs de l'état d'explicitation

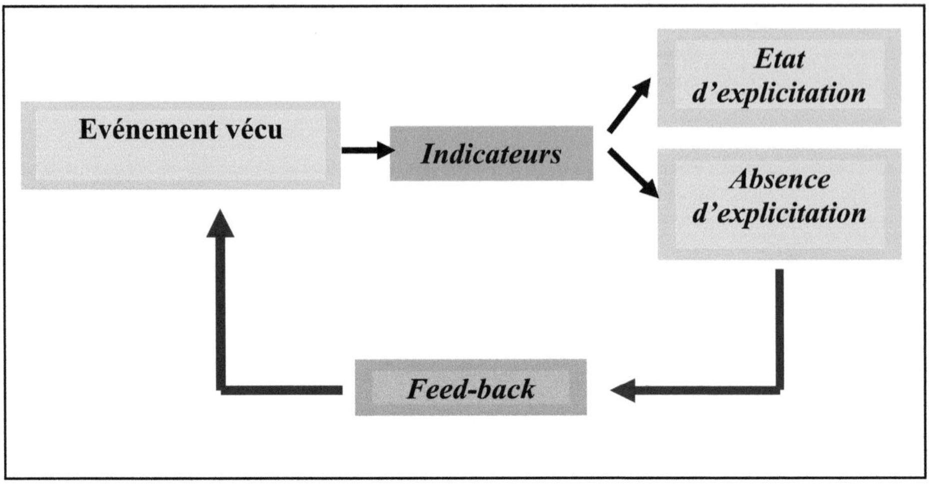

```
Evénement vécu → Indicateurs → Etat d'explicitation
                              ↘ Absence d'explicitation
                                    ↓
         ← Feed-back ←
```

Henry R. De Bezieux[24] invoque sept indicateurs :

> le décrochage du regard de l'interviewé : il correspond à un changement de direction de l'attention qui, au lieu d'être tournée vers le monde extérieur, se canalise vers l'expérience interne de l'interviewé. Si l'on pose à ce dernier une question simple pour laquelle il dispose immédiatement d'une réponse, il n'y aura pas de décrochage du regard. En revanche, dès que la réponse suppose une élaboration cognitive, on peut nettement observer ce décrochage. La meilleure qualité d'information que nous pouvons obtenir de l'interlocuteur est alors comportementale plutôt que verbale. Ainsi, un regard présent et dirigé vers l'intervieweur indique que la personne n'est pas en état d'explicitation. Par contre, un décrochage du regard indique que la personne accède à son expérience interne.

---

[24] Cf. Henry Roux DE BEZIEUX, op. cit.

Figure 9. Exemples de regards décrochés

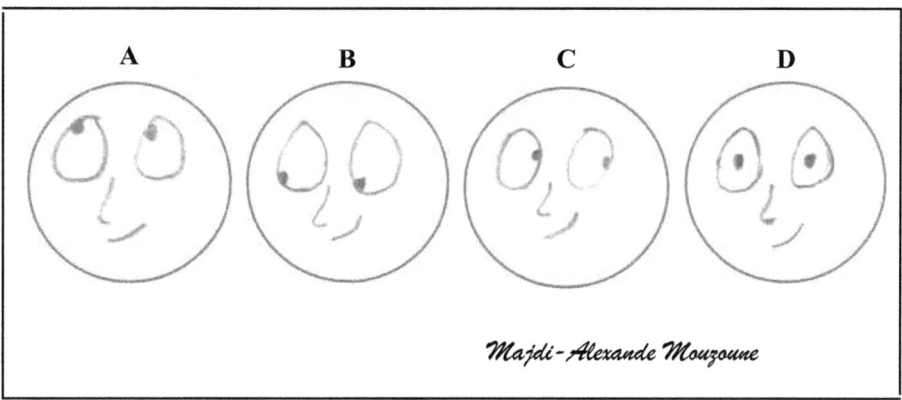

Un regard décroché peut être plus ou moins fixe ou mobile, orienté vers le haut (figure A), le bas (figure B), le côté (figure C). Il arrive aussi que la personne décroche du regard en fixant ses yeux au milieu de leur orbite et en les défocalisant (figure D). Lorsque le regard décroche, il peut rester plusieurs minutes d'affilée dans la même direction, ou encore bouger relativement vite dans l'espace. Ce décrochage est le signe que l'interviewé fait des élaborations cognitives et accède à des informations qui ne sont pas immédiatement conscientes ;
➢ le ralentissement du rythme de parole : un débit de parole normal ou rapide indique l'accès à l'état de réflexion. Un débit de parole ralenti, ponctué de silences, indique que l'interviewé est en état d'explicitation. C'est le cas par exemple lorsque, dans l'accès au vécu d'une action, l'élève découvre à partir de l'évocation comment il a procédé pour résoudre un problème de mathématiques ;
➢ la cohérence entre le verbal et le non verbal : l'absence d'indications non verbales ou la présence d'indications incohérentes entre le verbal et le non verbal signifie que la personne interviewée est en position de réflexion ou qu'il y a un problème avec le contrat de communication. Il y a lieu de vérifier la cohérence entre ce qui est dit et ce qui est montré (gestes / voix). Si une personne est en train d'évoquer une situation qu'elle décrit comme intéressante et plaisante et que l'on n'observe au niveau de l'expression de son visage aucune manifestation de cet intérêt ou de ce plaisir, il y a de fortes chances que cette personne ne soit pas en train d'évoquer le vécu de la situation de référence. Dans cet exemple, il y a non-congruence entre le contenu de ce qui est verbalisé et les indicateurs non verbaux ;

> la référence à soi-même : l'absence de « *je* » indique une réflexion et/ou une généralisation. Il n'y a pas de contexte précis, donc pas d'explicitation. La présence de « *je* » signifie des références claires du sujet à lui-même ;
> l'usage de verbes d'action (faire, agir, etc.) est fondamental. L'absence de ces verbes indique un état de réflexion ou une pensée décontextualisée ; dans ce cas, il n'y a pas d'explicitation ;
> une contextualisation spécifique : la présence de mots ou d'expressions qui désignent un contexte spatio-temporel spécifique (« *à ce moment-là* » ; « *ensuite* », « *à cet endroit* », etc.) est essentielle. Par exemple, on demande à l'élève où il était assis en classe au moment de l'événement, à côté de qui, comment il était assis, avec quel stylo il écrivait, quels sont les objets qui étaient sur la table, etc. L'absence de mots ou d'expressions qui désignent spécifiquement le contexte ou l'usage de mots ou d'expressions généralisantes (« *chaque fois que* », « *aucun moment* », « *toujours* », etc.) montre que l'interviewé utilise sa mémoire abstraite ;
> l'utilisation de verbes au passé composé ou au présent : l'usage du présent est un signe de l'état d'explicitation. Il peut être ambigu et faire référence à des généralisations. Dans ce cas, on s'appuiera sur les autres indicateurs. L'usage du passé composé est un indicateur clair de l'état d'explicitation. L'utilisation de tout autre temps que le présent et le passé composé exprime l'état de réflexion dans lequel se trouve l'interviewé. Soulignons que l'usage de l'imparfait désigne l'absence d'explicitation.

L'intervieweur s'habitue vite à repérer ces indicateurs au cours de la conversation. Tant qu'ils sont positifs, il peut continuer son questionnement. Mais dès qu'ils deviennent négatifs, il devra ramener l'interviewé vers l'état d'explicitation ou renégocier le contrat de communication.

L'explicitation permet de reconstituer les faits et les actions effectuées dans un contexte spatio-temporel précis. Elle servira tantôt comme outil de recueil d'informations pour l'intervieweur, tantôt comme outil de prise de conscience, de formation et d'apprentissage pour l'interviewé.

1.1.2. La mémoire des actions préréfléchies

Dans sa vie de tous les jours, chaque individu a recours à une part importante d'actions réflexes automatisées, routinières et inconscientes, en ce sens qu'elles sont effectuées sans qu'il sache les décrire précisément. La plupart des actions effectuées échappent, en partie ou en totalité, au contrôle conscient. Pierre Vermersch qualifie cette situation de dimension « préréfléchie de l'action »[25]. Le terme de « préréfléchi » indique à la fois que l'action n'a pas été contrôlée consciemment, et que le moi conscient ne se l'est pas représentée, car elle échappe à la réflexion. A la question : « *Comment as-tu fait ?* », combien de fois a-t-on entendu l'élève répondre : « *Je ne sais pas.* » ou « *Je ne me rappelle pas !* ».

En étudiant la prise de conscience, Piaget a déjà montré le primat de l'action sur la conscience, c'est-à-dire que le sujet peut réaliser une activité sans savoir ce qu'il a fait pour y parvenir, que cette activité ait abouti à un résultat concluant ou à un échec. En nous donnant une description détaillée de la construction de l'intelligence, en termes de connaissances et de structures cognitives, les travaux de Piaget éclairent notre compréhension de ce que peut être la prise de conscience des démarches d'apprentissage. Mais la conceptualisation par une personne de son action n'est pas automatique et l'entretien d'explicitation a justement pour but de l'accompagner dans cette prise de conscience, dans quelque domaine que ce soit. Il s'agit de passer d'un plan implicite, c'est-à-dire préréfléchi à un plan explicite, c'est-à-dire réfléchi pour connaître les démarches précises et individuelles pour agir, apprendre, comprendre, résoudre, et effectuer une tâche professionnelle.

Pour mettre à jour les actions préréfléchies, il faut augmenter le niveau de détail des descriptions de l'action et approfondir le souvenir de l'action, quitte à la découper en étapes, elles-mêmes scindées en opérations mentales et physiques. Plus la recherche de détail sera grande, plus les actions préréfléchies mises à jour seront nombreuses. Le premier exemple de l'entretien d'explicitation présenté dans ce chapitre montre comment le questionnement est focalisé sur une période de temps très brève (le moment de l'exercice de mathématiques) qui apporte une masse importante d'informations détaillées : la peur de l'enfant « *d'écrire mal les chiffres* », la peur « *d'être grondé par la maîtresse* ». On entend l'élève décrire d'autres actions : comment il a entendu la maîtresse prononcer les chiffres, comment il les a écrits, comment il a fait l'addition, etc. Toutes ces informations ont servi ultérieurement à l'analyse.

Néanmoins et avant d'accorder de l'importance aux informations livrées par l'entretien d'explicitation, il faut s'assurer de leur fiabilité. L'interviewé dit-il vrai ? Les informations fournies sont-elles fiables ? Correspondent-elles à ce qui aurait pu être relevé par une personne qui a assisté à l'événement ?

---

[25] Cf. Pierre VERMERSCH, op. cit.

La réponse est affirmative car l'entretien d'explicitation amène l'interviewé à puiser dans les souvenirs sensoriels de ce qui s'est vraiment passé. Il déploie plusieurs techniques destinées à vérifier si l'interviewé est bien en contact avec ses souvenirs sensoriels et les informations relevées lors de l'entretien correspondent généralement à ce qui a pu être observé par des tiers. Une mise en garde cependant : les propos tenus par l'interviewé ne sont jamais parfaitement complets et objectifs. Ils peuvent être déformés ou contenir des omissions, des oublis, des distorsions.

L'entretien d'explicitation permet un recueil détaillé d'informations ainsi que la mise en mots de compétences, d'expertises, de savoir-faires, d'attitudes et de comportements basés sur l'expérience. Elle crée donc une dynamique de communication factuelle et pragmatique. Cependant, comment procéder face aux trous de mémoire ?

En cas de dénégation, c'est-à-dire lorsque l'interviewé dit qu'il ne sait pas ou qu'il a un trou de mémoire, l'accès à la mémoire est interrompu (A) ; ou bien les représentations qui ont émergé n'ont pas été jugées « dignes » d'intérêt (B) ; ou encore, la mise en mots a échoué (C).

Figure 10. Processus d'accès à la mémoire

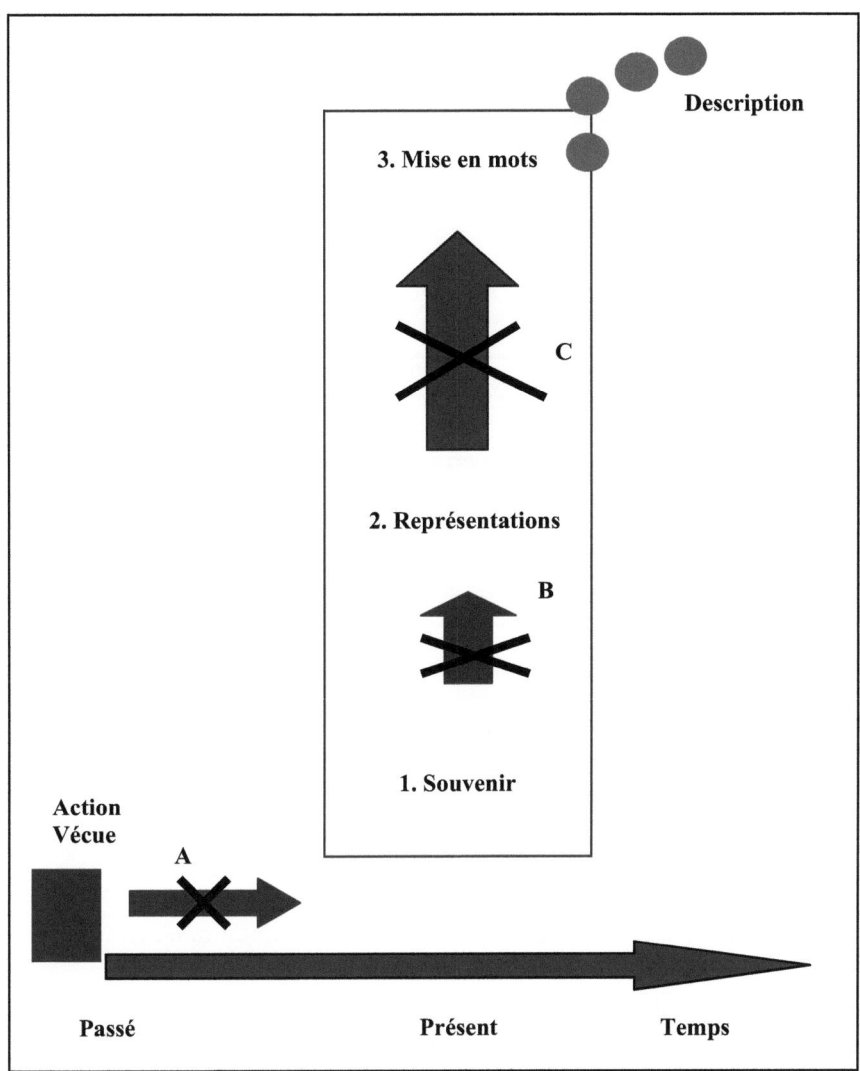

La première réaction consiste à accepter la dénégation : « *Ce n'est pas grave...* ». Il s'agit d'éviter un état de stress qui nuirait à l'effort de rappel du souvenir. Dans un deuxième temps, on peut recommencer. Il y a peut-être une sensation ou une image qui a émergé dans l'esprit de l'interviewé avant d'être mise de côté. Il faudra alors demander : « *Et quand tu ne te souviens plus, qu'est-ce qui te revient ?* ». Si rien ne fonctionne, on pourra revoir le contrat de communication.

1.2. Les objectifs de l'explicitation

L'entretien d'explicitation est utilisé pour atteindre un certain nombre d'objectifs :

- disposer d'informations sur un événement précis survenu à un moment donné dans la vie de l'interviewé ;
- déceler les causes probables d'un échec. Il s'agit pour l'enseignant par exemple de comprendre ce qui fait la réussite ou l'erreur de l'apprenant en s'interrogeant sur comment il a pu aboutir à un tel résultat et quelle a été sa logique ;
- concevoir de nouvelles stratégies de réussite ;
- expliciter un moment récent où une émotion s'est manifestée ;
- modifier les perceptions émotionnelles que la personne a de l'événement vécu ;
- travailler avec les souvenirs de l'interviewé.

Pour apporter une aide spécifique à un apprenant qui a commis des erreurs dans un exercice par exemple, il faut connaître les phases de réalisation de cet exercice. Pour cela, outre les traces dont on peut disposer comme les brouillons et les résultats intermédiaires, de nombreuses informations peuvent être données par l'élève lui-même s'il décrit de façon détaillée sa démarche. Grâce à cette description, l'apprenant s'auto-informe, prend conscience de ses démarches qui l'ont amené à réussir ou à échouer. Autrement dit, il prend conscience de plusieurs éléments constitutifs de la cognition : ce qu'il sait, ce qu'il sait faire, comment il le sait, comment il fait quand il sait le faire, comment il fait pour savoir qu'il le sait ou qu'il le fait. En somme, on se trouve dans trois niveaux logiques :

> ➢ Premier niveau : le faire (faire 1) qui est une pédagogie des situations : faire plutôt qu'en entendre parler seulement.
> ➢ Second niveau : décrire le faire (faire 2) est une pédagogie de la prise de conscience : passage à l'explicitation du faire 1.
> ➢ Troisième niveau : décrire comment je décris le faire (faire 3) qui est une pédagogie du fonctionnement métacognitif, une prise de conscience de comment je prends conscience, l'explicitation du faire de niveau 2, c'est-à-dire la mise en mots de l'action.

Ce troisième niveau concerne un aspect de ce que peut recouvrir le concept « d'apprendre à apprendre » puisqu'il ne peut passer que par une connaissance de comment j'apprends, et de sa prise en compte à la fois pour les projets d'apprentissage nouveaux et pour la régulation des apprentissages en cours : « *Comment je m'y prends concrètement pour avoir une activité d'apprentissage ?* », « *Je prends quels points de repères pour savoir si cela m'aide ?* », « *Comment est-ce que je sais que je sais ?* », « *Est-ce que dans cet apprentissage particulier, mes critères sont efficaces ?* », etc. Chez les pianistes professionnels qui doivent apprendre de nouvelles partitions régulièrement, la métaconnaissance de comment faire pour apprendre est particulièrement développée.

En décrivant sa démarche, l'apprenant donne également à l'enseignant ou au coach les informations lui permettant d'avoir une action pédagogique adéquate. C'est le point de départ d'une « remédiation » durant laquelle l'enseignant peut renforcer la prise de conscience de l'apprenant, stimuler son acquisition de connaissances manquantes et le guider vers l'élaboration de nouvelles manières d'agir ou d'apprendre.

1.3. Les modalités des entretiens d'explicitation

L'explicitation est un entretien cadré respectant un certain nombre de procédés :

- il concerne deux personnes : l'intervieweur et l'interviewé. Une tierce personne peut-être présente à condition que les parties en présence l'acceptent et qu'une relation de confiance soit suffisante entre elles ;
- l'initiative de la demande d'entretien peut venir de l'interviewé comme de l'intervieweur à condition que les deux en voient l'intérêt et soient pleinement d'accord ;
- l'intervieweur peut-être aussi bien un supérieur hiérarchique, un subordonné ou quelqu'un en relation fonctionnelle avec la personne subordonnée. La qualité de la confiance et la maîtrise des techniques de questionnement sont les critères les plus importants à prendre en considération ;
- l'entretien se déroule dans un cadre contractuel et ses acteurs (intervieweur / interviewé) occupent une position bien précise ;
- le lieu de l'entretien importe peu ;
- sa durée est variable, de quelques minutes à plus d'une heure ;

- il peut être pratiqué de manière formelle avec fixation d'un rendez-vous à l'avance ou informelle quand il est organisé à l'improviste pour traiter une situation donnée.

Il est important de souligner que le contrat de communication liant l'intervieweur et l'interviewé est une condition nécessaire à la mise en mots de l'implicite. En effet, demander l'accord de son interlocuteur de parler de son action (« *Es-tu d'accord de parler de...* ») est une obligation à la fois éthique et technique car l'entretien d'explicitation a pour but de mettre à jour ce que la personne interviewée ne sait pas encore explicitement, comme on le verra dans le premier exemple exposé dans ce chapitre. Au début de l'entretien, l'élève ne connaît que partiellement son action, ses choix, ses buts et il ignore souvent ce qui guide son action. Certaines phases de l'entretien vont lui donner accès à sa pensée privée. Il est donc nécessaire en début d'entretien de formuler une demande explicite et « légère » comme : « *Es-tu d'accord de parler des chiffres avec lesquels tu as des problèmes ?* ». C'est une manière de « faire signe » à l'interviewé, de lui signaler qu'on est attentif à son accord ou à son désaccord.

Ce contrat est renouvelé chaque fois que cela est nécessaire : quand un blocage semble arrêter l'accès à la pensée privée de l'interviewé, quand la personne hésite à s'engager dans la mise en mots de sa pratique. Si la personne ne veut pas continuer, l'intervieweur arrête le questionnement. Certains objecteront que la position de l'apprenant ne laisse pas beaucoup de liberté pour refuser un entretien proposé par un enseignant ou un coach. En réponse à cette remarque, il faut noter d'une part que les praticiens de l'explicitation se donnent un tout autre statut quand ils conduisent l'entretien : ils ne sont pas ceux qui savent mais ceux qui cherchent à comprendre. D'autre part, le fait de négliger les accords de communication conduit à court terme à l'échec du recueil des données recherchées.

L'entretien d'explicitation se distingue d'autres formes d'entretien (par exemple les entretiens de recrutement, d'évaluation, de bilan, d'audit, etc.) par le fait qu'il se focalise sur un événement vécu, évite les opinions décontextualisées (« *Que pensez-vous de ceci ou de cela ?* »). Ses techniques de questionnement sont spécifiques et maintiennent l'interviewé en état d'explicitation durant l'entretien.

Des critères sont à respecter par l'intervieweur lors de l'entretien d'explicitation :

> ➤ vérifier que le thème abordé est en rapport avec l'objectif de l'interviewé ;

> instaurer une relation de confiance et de coopération avec l'interviewé ;
> respecter la confidentialité ;
> éviter d'aider la personne contre son gré, chercher à l'influencer ou à faire pression sur elle ;
> éviter de faire un entretien d'explicitation avec une personne avec qui vous êtes en conflit ouvert ou larvé.

Le rôle de l'intervieweur consiste à guider et accompagner l'interviewé pour qu'il puisse mettre à jour des connaissances en acte et en premier lieu la description de l'action menée dans la réalisation d'une tâche passée. Sa compétence ne vient pas nécessairement de la connaissance qu'il a du domaine traité mais plutôt de sa connaissance de la structure de l'action et des fils conducteurs qui guident vers l'implicite. Cependant, l'expertise du pédagogue, qui a analysé les différentes étapes de l'apprentissage de sa discipline et les principales difficultés rencontrées par les élèves au niveau enseigné, l'aide à focaliser l'entretien sur les points cruciaux de l'apprentissage.

Dans de nombreux domaines, l'entretien d'explicitation est un outil susceptible de transformer la manière de communiquer entre les individus et de favoriser les relations de confiance et de coopération. Reste à savoir comment utiliser cet entretien dans le domaine pédagogique.

2. *L'application de l'entretien d'explicitation dans le domaine pédagogique*

Dans les deux exemples que je vais exposer, j'ai choisi l'entretien d'explicitation car il m'a permis d'aider à la description de l'action menée par un apprenant pour l'acquisition de la numérotation entre 70 et 99 ainsi que par un enseignant lors de la transmission des consignes à ses élèves. L'explicitation apporte un éclairage sur ce qui fait difficulté en mettant l'accent sur les compétences dont disposent l'élève et l'enseignant.

2.1. Premier exemple

Frédéric, 8 ans, en 3ème année de l'école primaire.

2.1.1. Présentation du contexte

L'institutrice de Frédéric m'a contacté car elle a constaté chez son élève des problèmes dans l'apprentissage des mathématiques, en particulier dans l'acquisition de la numérotation entre 70 et 99. Cet élève écrit 80 15 au lieu de 95. La maîtresse cherche à identifier la nature du dysfonctionnement de son élève pour pouvoir établir un projet pédagogique individualisé destiné à l'aider à surmonter ses difficultés d'acquisition de la numérotation.

Frédéric vient d'emménager avec ses parents en France voisine. Il a vécu à Genève depuis sa naissance et y a suivi sa scolarité jusqu'à la 2ème année du primaire. Scolarisé en France, il n'a pas encore assimilé la manière « *française* » de lire les chiffres de 70 à 99 ; à titre d'exemple, les soixante-dix sont lus en Suisse septante et les quatre-vingt-dix se prononcent nonante.

Lors d'une réunion avec les parents, la maîtresse leur a proposé le recours à un coach pour travailler avec Frédéric cette problématique d'apprentissage de la numérotation. Les parents ont donné leur accord et la maîtresse m'a contacté. On s'est mis d'accord pour que je travaille avec l'élève un après-midi après la fin des cours.

2.1.2. Déroulement de l'entretien

Au début de la séance, je me suis présenté, ai expliqué à Frédéric les raisons de ma présence et le travail que nous allions faire. Il ne m'a pas posé de question car il avait été mis au courant par ses parents. En situation duelle, j'ai proposé à l'élève de commencer la séance.

Coach :   *Es-tu d'accord de parler des chiffres avec lesquels tu as des problèmes ?*
Frédéric :   *Oui.*

Coach :	*Quels sont ces chiffres ?*
Frédéric :	*La maîtresse me dit que j'ai des problèmes quand j'écris les chiffres de septante (70) à 100.*

Coach :	*Et toi, qu'en penses-tu ?*
Frédéric :	*Ben, oui, j'ai des problèmes.*
Coach :	*Voilà, on va tous les deux parler de ces chiffres. Es-tu d'accord ?*
Frédéric :	*D'accord.*
Coach :	*Quand la maîtresse a-t-elle relevé ce problème ?*
Frédéric :	*C'était juste hier.*
Coach :	*Et que faisiez-vous hier ?*
Frédéric :	*Les maths, les calculs quoi...*

Frédéric a changé de posture, il ne me regardait plus dans les yeux, sa respiration s'accélérait.

Coach :	*Mets-toi dans cette situation et décris-moi ce qui s'est passé.*
Frédéric :	*On est rentré de la récré, j'étais fatigué, on a beaucoup joué, couru, on s'est bien amusé...*

Décrochement du regard de Frédéric dont le débit de parole a ralenti ce qui indique qu'il accède à son expérience interne.

Coach :	*Et après, qu'as-tu fait ?*
Frédéric :	*Je me suis assis derrière mon pupitre puis j'ai attendu.*
Coach :	*Tu as attendu quoi à ce moment-là ?*
Frédéric :	*J'ai attendu l'exercice de calcul, quelque chose avec les chiffres.*
Coach :	*A quoi as-tu pensé à ce moment-là ?*
Frédéric :	*J'ai pensé qu'on allait avoir un exercice très difficile.*
Coach :	*Qu'est-ce qui t'a fait penser cela ?*
Frédéric :	*C'est toujours comme ça avec la maîtresse.*
Coach :	*Tu veux dire quoi avec « c'est toujours comme ça avec la maîtresse » ?*
Frédéric :	*Je veux dire qu'elle nous donne des devoirs très difficiles.*
Coach :	*Tu pensais donc que l'exercice serait difficile ?*
Frédéric :	*Oui.*
Coach :	*Que ressentais-tu à ce moment, juste avant que la maîtresse ne vous donne l'exercice à faire ?*
Frédéric :	*Je ne me suis pas bien senti.*

Coach :	C'est-à-dire ?
Frédéric :	Je ne sais pas.

Silence. Frédéric réfléchissait, il avait la posture du visuel construit. L'usage du passé composé indique que Frédéric est dans un état d'explicitation.

Coach :	Alors, tu étais comment ?
Frédéric :	J'ai eu peur.
Coach :	Peur de quoi ?
Frédéric :	Que la maîtresse me gronde encore.
Coach :	Te gronder comment ?
Frédéric :	Qu'elle se fâche parce que j'écris mal les chiffres.
Coach :	Tu as dit que tu avais peur que la maîtresse te gronde encore ? Elle te gronde souvent ?
Frédéric :	Oui, quand on fait les maths.
Coach :	Revenons à la situation où tu n'étais pas bien parce que tu avais peur que la maîtresse te gronde. Peux-tu me dire ce qui s'est passé après ?
Frédéric :	La maîtresse nous a dicté des chiffres. Elle nous a demandé de faire l'addition.
Coach :	Que vous-a-t-elle dicté comme chiffres ?
Frédéric :	C'était : quatre-vingt-quinze plus soixante-quinze.
Coach :	Tu as fait comment pour faire cette opération ?
Frédéric :	J'ai écrit tout faux les chiffres mais le total était juste.

La voix de Frédéric était devenue grave ; il était énervé.

Coach :	Décris-moi comment tu as fait ?
Frédéric :	Ah oui. Bien, j'ai écrit quatre-vingt-quinze plus soixante-quinze.
Coach :	Montre-moi comment tu les as écrits :
Frédéric :	J'ai écrit : 80 15 + 60 15.
Coach :	Quand la maîtresse a dit : quatre-vingt-quinze plus soixante-quinze, qu'est-ce qui s'est passé dans ta tête à ce moment-là ?

Un moment de silence.

Frédéric :	J'ai réfléchi un petit peu.
Coach :	Tu as réfléchis à quoi ?
Frédéric :	Je me suis dit : quatre-vingt-quinze, ça s'écrit comme ça : 80 15.
Coach :	Et après ?
Frédéric :	Après, je fais 80 + 15 ce qui est égal à quatre-vingt-quinze.

Coach :	*C'est juste. Et après ?*
Frédéric :	*Je fais la même chose pour soixante-quinze.*
Coach :	*Tu fais comment pour soixante-quinze ?*
Frédéric :	*Je fais 60 et 15 est égal à 60 + 15= soixante-quinze.*
Coach :	*Et après, qu'as-tu fait ?*
Frédéric :	*Après, j'ai fait : 95 + 75 = 170.*
Coach :	*C'était juste alors ?*
Frédéric :	*Oui, très juste.*
Coach :	*Bravo.*

Frédéric monte par un sourire qu'il est content d'avoir trouvé.

Frédéric :	*Oui, mais la maîtresse n'a pas compris comment j'ai pu faire juste.*
Coach :	*Tu lui as montré ?*
Frédéric :	*Non.*
Coach :	*Qui t'as empêché de lui montrer ?*
Frédéric :	*Personne, mais j'ai peur qu'elle me dise encore : comment ça ! Tu ne sais toujours pas écrire quatre-vingt-quinze ?*
Coach :	*Si tu veux bien, on va revenir à comment tu as écrit quatre-vingt-quinze, d'accord ?*
Frédéric :	*Encore ?*
Coach :	*Oui, encore. T'es d'accord ?*
Frédéric :	*Oui, si vous voulez. (soupir !).*

Frédéric répond de manière résignée.

Coach :	*Peux-tu dire à quoi tu as pensé quand tu as entendu quatre-vingt-quinze ?*

Moment de réflexion de Frédéric. Posture du visuel construit.

Frédéric :	*J'ai pensé d'abord que c'est français de dire quatre-vingt-quinze et que ça n'existe pas en Suisse.*
Coach :	*En Suisse, on dit comment ?*
Frédéric :	*On dit nonante cinq. C'est plus facile.*
Coach :	*C'est plus facile comment ?*
Frédéric :	*On ne lit pas les dizaines comme par exemple quatre-vingt-quinze. C'est bizarre quand même !*
Coach :	*Qu'est-ce qui est bizarre ?*
Frédéric :	*Ce truc français de dire quatre-vingt-quinze. Ils disent ça et après ils doivent faire beaucoup d'additions.*

Coach :	Comment faire beaucoup d'additions ?
Frédéric :	Oui, je veux dire quatre-vingt + quinze. C'est bête.
Coach :	Penses-tu qu'ils fassent cela ?
Frédéric :	Oui.

Frédéric parle en souriant comme pour se moquer de cette manière de faire beaucoup d'additions.

Coach :	Tu as demandé à la maîtresse s'ils font beaucoup d'additions ?
Frédéric :	Non, je n'ose pas. (Sourire !)
Coach :	Quand tu as entendu quatre-vingt-quinze, tu les as écrits comment ?
Frédéric :	J'ai écrit comme ça : 80 15.
Coach :	Et ensuite ?
Frédéric :	J'ai fait l'addition : 80 + 15 = 95. Tu vois, c'est juste !

Frédéric est content de lui et de la méthode qu'il utilise.

Coach :	Comment peux-tu écrire quatre-vingt-quinze sans faire toutes ces additions ?
Frédéric :	Bah, je peux aussi écrire 95.
Coach :	Tu peux directement écrire quatre-vingt-quinze ?
Frédéric :	Oui.
Coach :	Et comment ?
Frédéric :	J'écris 95.
Coach :	Alors, comment se fait-il que tu ne l'as pas fait pour cet exercice ?
Frédéric :	Je ne me rappelle pas !
Coach :	Revois le moment où tu as entendu quatre-vingt-quinze, d'accord ?
Frédéric :	D'accord.
Coach :	Tu as entendu quoi exactement ?
Frédéric :	J'ai entendu la maîtresse prononcer lentement en disant quatre vingt (...) quinze.
Coach :	Et si elle avait prononcé rapidement quatre-vingt-quinze, tu l'aurais écrit comment ?
Frédéric :	J'aurais écrit comme ça : 95.

Coach :	Très bien. Donc, tu penses que si la maîtresse avait prononcé rapidement quatre-vingt-quinze, tu l'aurais écrit comme ça : 95 ?
Frédéric :	Oui. Quand elle prononce les chiffres rapidement, moi je sais les écrire. Mais parfois, elle prononce lentement, et moi je n'arrive pas à savoir si c'est 80 15 ou nonante cinq :
Coach :	Tu as parlé de ça à la maîtresse ?
Frédéric :	Oui, une fois.
Coach :	Et qu'est-ce qu'elle t-a répondu ?
Frédéric :	Elle a dit : je prononce lentement pour que tes copains puissent écrire les chiffres.
Coach :	Et toi, qu'en penses-tu ?
Frédéric :	Elle a peut-être raison ; mais pour moi c'est un problème. J'écris faux.
Coach :	Tu lui as dit que quand elle prononce lentement les chiffres, tu n'arrives pas à distinguer quatre-vingt-quinze de nonante cinq ?
Frédéric :	Oui, une fois, mais elle a ri.
Coach :	Et après ?
Frédéric :	Après, rien.
Coach :	Es-tu prêt de faire une dictée de chiffres uniquement ?
Frédéric :	Oui.

Frédéric prend une feuille, s'assoit droit, un peu intrigué. Il pense à ce que je vais lui dicter comme chiffres.

Coach :	Tu vas écrire soixante-quatorze. (J'ai prononcé rapidement les chiffres).

Frédéric a écrit : 74.

Coach :	Maintenant, tu vas écrire : quatre-vingt douze. (J'ai prononcé rapidement les chiffres).

Frédéric a écrit : 92.

Coach :	Bravo. Maintenant, je vais te lire des chiffres et tu vas les écrire, d'accord ?
Frédéric :	Oui.

Je lui ai dicté les chiffres tantôt rapidement tantôt lentement et Frédéric a plus de peine à écrire correctement les chiffres des septante et nonante prononcés lentement. Ensuite, nous avons corrigé cette dictée et nous nous sommes arrêtés sur les moments pendant lesquels il n'a pas écrit juste les nombres. Frédéric a bien compris que pour la numérotation des septante et nonante, c'est le rythme auquel les chiffres sont dictés qui le déstabilise. Il s'est aussi rendu compte qu'écrire quatre-vingt-dix de cette façon 80 10 est faux car c'est un nombre très long. Il sait qu'il ne doit y avoir que deux chiffres.

Reprise de l'entretien et pont sur le futur.

Coach :	*La prochaine fois, quand tu auras à écrire les soixante-dix et les quatre-vingt-dix, tu feras comment ?*
Frédéric :	*Je vais faire attention quand j'écris les soixante-quinze par exemple.*
Coach :	*Tu feras comment ?*
Frédéric :	*Je saurai que soixante-quinze s'écrit 75 et non 60 15. Je vais faire moins attention à comment la maîtresse va les prononcer, c'est-à-dire est-ce qu'elle va parler vite ou lentement.*
Coach :	*Y aura-t-il aussi une autre manière de distinguer les soixante-dix par exemple ?*
Frédéric :	*Oui bien sûr.*
Coach :	*Donne-moi un exemple ?*
Frédéric :	*Par exemple quatre-vingt-seize, ça s'écrit 96 mais non 80 16 car c'est un nombre très long, il y a plusieurs chiffres* (dit-il en riant). *C'est long pour un nombre, n'est-ce pas ? Il faut seulement 2 chiffres, n'est-ce pas ?*
Coach :	*Oui, c'est long comme tu dis. Est-ce que tu réalises maintenant que tu sais comment faire pour bien écrire ces numéros.*
Frédéric :	*Oui.*
Coach :	*Alors, garde cette manière de faire pour la prochaine fois, quand tu auras à écrire ces numéros.*
Frédéric :	*Ok.* (rires).

2.1.3. Analyse pédagogique

Pour les tranches de numérotation des septante et nonante, Frédéric n'a pas établi les passerelles indispensables entre lecture orale rapide et lente. Il écrit les nombres à la cadence où il les entend. Sa logique qui consiste à écrire 80 +15 est le fruit d'un raisonnement particulier influencé par le rythme auquel les chiffres sont prononcés. Il est clair que quand la maîtresse, en dictant, s'attarde un peu entre 80 et 10, l'élève pense d'abord à 80 puis écrit 10 ensuite. Frédéric est plus « auditif » et le rythme de la dictée le conduit à adopter une démarche combinatoire erronée pour écrire les nombres, d'où souvent ses fréquentes erreurs de calcul.

Comme l'élève ne s'est pas encore habitué au mode de lecture des chiffres à la « *française* » pour les tranches de septante (70) et nonante (90), il a été proposé à la maîtresse de prononcer ou de répéter rapidement ces nombres à Frédéric. Ce dernier, doit aussi demander à la maîtresse de répéter les nombres s'il a des doutes au lieu de les écrire phonétiquement.

La maîtresse n'a pas cherché à comprendre les actions mentales de son élève, c'est-à-dire comment il entend les nombres et les perçoit avant de les écrire. Elle n'a pas fait non plus attention à sa remarque quand il lui dit : « *Quand vous prononcez les chiffres très vite, moi je sais écrire.* ». Elle s'est contentée de lui répondre : « *Je prononce doucement pour que tes copains puissent écrire les chiffres.* ».

Après un entretien avec elle, la maîtresse s'est rendue compte que sa manière de prononcer les nombres concernés pouvait créer de la confusion chez un élève habitué à une lecture différente des chiffres. Le problème de Frédéric était donc identifié ; il appartenait à la maîtresse d'accompagner son élève et d'opter pour une lecture facilitant à ce dernier le décodage des nombres. Il est bien entendu clair que pour Frédéric, il s'agit d'une phase transitoire facilitant son apprentissage des nombres avec une lecture, comme il le dit, à la « *française* ».

2.1.4. *Feed-back* de Frédéric

« *J'ai aimé l'exercice. C'est la première fois que je fais une dictée des chiffres et puis j'ai appris quelques choses maintenant. Si la maîtresse prononce rapidement les chiffres, je peux les écrire facilement. Je n'aurai plus besoin d'écrire 80 et 10 pour quatre-vingt-dix. Je vais demander à ma mère de faire des dictées comme ça avec moi. Je vais demander à la maîtresse de répéter les chiffres chaque fois que je ne sais pas comment les écrire. Je vais aussi lui demander pourquoi les Français prononcent quatre-vingt-dix au lieu de nonante. C'est compliqué leur histoire ! (…)* ».

2.1.5. *Feed-back* du coach

J'ai cherché à comprendre comment l'élève procédait pour écrire les nombres. Grâce à l'entretien, j'ai pu identifier comment sa tâche de faire un exercice de mathématiques se décomposait en étapes qui correspondent à des opérations élémentaires comme par exemple écrire les nombres puis les additionner. Sa logique d'action s'articulait autour de quatre axes : l'écoute, la prise d'informations, la prise de décision et l'exécution. Il suffisait que l'apprenant s'embrouille au moment de l'écoute ou de la prise d'information pour que sa prise de décision et l'exécution de sa tâche s'en trouvent affectées.

L'entretien d'explicitation a permis de guider l'élève vers la description fine de ce qu'il prenait en compte pour réaliser sa tâche et de l'amener à comprendre comment procéder autrement pour bien faire.

Quand on lui accorde du temps, l'élève peut décrire toutes les étapes de son activité mentale. Les enseignants savent que la réussite d'un exercice dépend de ces étapes, mais ils ne savent malheureusement pas toujours guider leur élève en s'appuyant sur sa parole, d'autant plus qu'ils sont souvent démunis pour questionner finement les sous-opérations de l'action.

2.2. Deuxième exemple

Patrick, 30 ans, enseignant au Cycle d'orientation.

2.2.1. Présentation du contexte

Patrick enseigne au Cycle d'orientation depuis une année. Quand il demande à ses élèves de faire un exposé, il sent qu'il n'arrive pas à leur transmettre correctement les consignes. Son désarroi est tel qu'il envisage arrêter d'enseigner. Il me sollicite pour travailler sur sa manière d'enseigner et de faire passer les consignes à ses élèves.

Il s'agit dans cet entretien d'expliciter une situation-problème, ici les difficultés à faire passer les consignes, en apportant un éclairage sur ce qui fait difficulté et en mettant l'accent sur les compétences dont dispose l'enseignant et qu'il peut mobiliser dans cette situation.

Au début de l'entretien, Patrick dresse un tableau succinct de sa manière de travailler : « *Au début de l'année scolaire, j'avais l'impression de bien enseigner, de donner l'occasion à mes élèves de participer activement au cours, de faire appel à leur créativité. Mais plus le temps passe, plus j'ai l'impression que mes élèves n'écoutent pas quand je leur donne des consignes. Ils n'en font qu'à leur tête. Je suis éprouvé, en désarroi face à cette situation. Je ne comprends pas pourquoi les choses ne marchent plus comme au début ni comment faire pour me faire écouter.* ».

A travers cette révélation, apparaissent à la fois des éléments problématiques concernant la stratégie à mettre en place en réponse à la question « comment faire ? », et un enjeu beaucoup plus profond de l'ordre de l'identité professionnelle : « *Suis-je encore capable d'enseigner et de me faire respecter ?* ».

2.2.2. Déroulement de l'entretien

Dans cet entretien, l'accent est mis sur la manière de donner les consignes et sur la façon dont elles sont comprises et suivies par les élèves. J'ai demandé à Patrick de restituer le moment-clé de sa pratique professionnelle pendant lequel il a rencontré des difficultés avec ses élèves.

Coach :	*Tu m'avais parlé des difficultés que tu rencontres pour transmettre des consignes à tes élèves, je t'invite à me donner des exemples de ces difficultés.*
Patrick :	*J'enseigne une matière qui fait appel à la réflexion citoyenne des élèves. Elle traite du fonctionnement de la démocratie en Suisse ainsi que de la pratique des droits politiques et des pratiques associatives et culturelles. Comme tu le vois, c'est une discipline vaste, intéressante et d'actualité.*
Coach :	*Depuis combien de temps enseignes-tu cette matière ?*
Patrick :	*Depuis cette année.*
Coach :	*Et avant, quelle matière enseignais-tu ?*
Patrick :	*J'ai fait des remplacements, je n'avais pas de classe particulière. J'ai enseigné sur demande l'histoire, la géographie.*
Coach :	*Et si tu me parlais de la dernière fois où tu as eu des difficultés à transmettre des consignes, c'était quand et sur quoi ?*

Il s'agit de mettre l'enseignant en situation afin qu'il restitue ce qui s'est passé.

Patrick :	*C'était la semaine passée. J'ai demandé aux élèves de préparer un sujet sur les activités associatives à Genève.*
Coach :	*Quelles consignes as-tu donné aux élèves ?*
Patrick :	*Je leur ai juste demandé de travailler sur ce thème. C'est à eux de trouver les sujets et de les travailler.*
Coach :	*Donc, il n'y avait pas de consignes particulières ?*
Patrick :	*Si justement, les pratiques associatives.*

Coach :	Si j'ai bien compris, tu leur as simplement proposé un sujet de travail, c'est tout ?
Patrick :	Oui, c'est ça.
Coach :	Manque-t-il selon toi quelque chose ?
Patrick :	C'est-à-dire ?
Coach :	Des informations permettant de guider les élèves dans leur travail par exemple ?
Patrick :	Non. Je laisse toujours mes élèves choisir la manière de travailler un sujet. Il faut qu'ils soient créatifs, autonomes. Il faut qu'ils réfléchissent.

Patrick a un ton ferme et ses bras partent dans tous les sens.

Coach :	Penses-tu que la tâche que tu leur as confiée était claire pour eux ?
Patrick :	Je pense que oui.
Coach :	Qu'est-ce qui te fait dire cela ?
Patrick :	Ils n'ont pas posé de questions.
Coach :	Le fait qu'ils ne posent pas de questions signifie-t-il qu'ils ont compris ce que tu attendais d'eux ?
Patrick :	Oui.
Coach :	Et qu'attends-tu d'eux ?
Patrick :	A ce moment-là, j'attends qu'ils m'apportent un travail sur les activités associatives à Genève.

Ici, il y a une contextualisation spécifique car il y a la présence d'une expression qui désigne un contexte spatio-temporel : « *à ce moment-là* ».

Coach :	Sur quoi tes élèves ont travaillé ?
Patrick :	Certains m'ont apporté des travaux sur les activités sportives, d'autres des groupes de hip hop, des groupes de musique. C'était vraiment médiocre.
Coach :	Comment as-tu réagi à leur travail ?
Patrick :	J'étais très en colère et ils ont eu une mauvaise évaluation. C'était un sujet facile.
Coach :	Comment tes élèves ont-ils réagi ?
Patrick :	Ils n'étaient pas contents. Les échanges entre nous étaient tendus. Je les ai même entendus dire que je n'étais pas compétent, que je ne savais pas ce que je voulais, que je n'étais pas clair, etc.

Coach :	*Qu'as-tu ressenti à ce moment-là ?*
Patrick :	*J'étais mal. Je ne voulais plus retourner à l'école le lendemain. Je me suis senti incompris, démotivé. J'ai voulu les laisser prendre des initiatives, mais j'ai échoué.*
Coach :	*Selon toi, qu'est ce qui a manqué à tes élèves pour travailler ce sujet ?*
Patrick :	*Qu'ils fassent preuve de plus d'intelligence et qu'ils soient concentrés* (dit-il de manière ferme et avec une voix grave).
Coach :	*Leur as-tu demandé ce qui leur a manqué pour travailler ce sujet ?*
Patrick :	*Non. Le sujet était simple.*
Coach :	*Supposons qu'un de tes élèves t'ait demandé de préciser ce qu'il doit chercher sur les associations, tu lui aurais répondu quoi ?*
Patrick :	*Je lui aurais proposé de travailler sur une association de son quartier, comment elle est créée, quels sont ses buts, ses moyens, ce qu'il pense d'elle, etc.*
Coach :	*Qu'est-ce qui t'a empêché de le faire ?*
Patrick :	*Je l'ai dit, je veux les rendre autonomes, susciter leur curiosité.*
Coach :	*Si un élève t'avait demandé : « De quelles activités associatives s'agit-il » ? Tu aurais répondu quoi ?*
Patrick :	*J'aurais répondu : « Diverses activités comme celles des associations de quartier, de défense des locataires, associations des retraités, des chômeurs » ; elles sont nombreuses.*
Coach :	*Comment se fait-il que tu ne leur avais pas précisé cela ?*
Patrick :	*Cela leur aurait facilité le travail. Ils n'auraient pas réfléchi sur le sujet, mais juste copié quelque chose et me la rendre.*
Coach :	*Qu'attends-tu que tes élèves te rendent sur ces associations ?*
Patrick :	*A eux de trouver. Tout ce qu'ils trouvent.*
Coach :	*C'est-à-dire ?*
Patrick :	*Leurs buts, leur fonctionnement, comment elles sont composées, avec qui elles travaillent, leur rôle dans la société, etc.*
Coach :	*Qu'est-ce qui t'a empêché de leur demander de travailler sur cela exactement ?*
Patrick :	*Je ne voulais pas qu'ils tombent dans la facilité.*
Coach :	*Pour toi, leur demander de travailler juste sur une activité associative était suffisant comme consigne pour qu'ils te rendent un travail sur ce thème ?*
Patrick :	*Tout à fait.*
Coach :	*Que signifie pour toi une consigne ?*
Patrick :	*C'est une instruction, une recommandation, une directive.*

Coach :	Il t'arrive de donner des consignes à tes élèves ?
Patrick :	Rarement.
Coach :	Et quand tu leur donnes des consignes, est-ce qu'ils les suivent ?
Patrick :	Oui.
Coach :	Quelles sont les avantages des consignes ?
Patrick :	Ce sont des instructions qui guident, orientent (...)
Coach :	Ne penses-tu pas que tes élèves auraient eu besoin d'être guidés pour ce sujet ?
Patrick :	Oui.
Coach :	Penses-tu que dans ta demande aux élèves : « Préparer un sujet sur les activités associatives à Genève », il y avait des instructions ?

Moment de réflexion de Patrick puis soupir (!)

Patrick :	Non. Maintenant, je me rends compte qu'il aurait fallu leur en donner au moins une ou deux.
Coach :	Qu'est-ce qui t'amène à t'en rendre compte ?
Patrick :	Je vois maintenant que ma demande n'était pas évidente pour eux et que la tâche n'était pas aussi simple que je ne l'imaginais.
Coach :	Avec le recul, penses-tu que tes élèves t'auraient rendu des travaux en rapport avec tes attentes si tu leur avais donné des consignes plus claires ?
Patrick :	Oui.

Pont sur le futur.

Coach :	Et dans l'avenir, comment envisages-tu de procéder ?
Patrick :	Je donnerai plus d'instructions, des éléments qui les orienteront.
Coach :	Sur quel thème vas-tu faire travailler tes élèves ?
Patrick :	Je vais leur proposer un thème sur la diversité culturelle de Genève.
Coach :	Vas-tu donner des consignes à tes élèves pour réaliser ce travail ?
Patrick :	Oui.
Coach :	Et quelles consignes penses-tu donner à tes élèves ?
Patrick :	Des consignes simples comme : l'origine nationale des habitants de Genève, leurs cultures, les manifestations culturelles qu'ils organisent à Genève, etc.

Coach :	*Cela va-t-il les aider ?*
Patrick :	*Oui.*
Coach :	*Nous arrivons au terme de notre séance, comment te sens-tu ?*
Patrick :	*Je me sens mieux qu'en début d'entretien.*
Coach :	*Envisages-tu toujours d'arrêter d'enseigner ?*
Patrick :	*Non, pas du tout.*
Coach :	*As-tu des doutes sur tes compétences en tant que prof ?*
Patrick :	*Non. Mais je dois faire un effort pour orienter les élèves dans leurs travaux.*

2.2.3. Analyse de l'entretien

L'explicitation de la manière de faire de l'enseignant a mis l'accent sur ses stratégies d'action afin de comprendre et de résoudre une situation-problème. Elle a permis d'élucider le vécu de l'action et la mise en place d'une aide au changement.

Toute action a un objectif. Le but de l'enseignant était de rendre ses élèves plus autonomes et plus réflexifs, mais il n'avait pas réalisé que son action générait des incompréhensions, des conflits, des tensions et des dissymétries relationnelles enseignant / élèves. L'explicitation a permis à l'enseignant de prendre conscience que ses élèves avaient besoin de consignes plus précises et que celles-ci ne les empêchent pas de réfléchir ou d'être autonomes.

2.2.4. *Feed-back* de Patrick

« Je me suis rendu compte qu'une intention positive, comme celle de laisser les élèves autonomes et libres de réfléchir, peut parfois s'avérer inadéquate et créer des incompréhensions et des conflits. L'important est d'expliquer et de clarifier à l'élève ce qu'il doit faire ; cela l'aide à réaliser ses devoirs, à faire des recherches et donc à découvrir beaucoup de choses. En fait, une consigne sert à indiquer, à orienter ; elle ne constitue pas un obstacle à l'autonomie et à la réflexion. ».

2.2.5. *Feed-back* du coach

L'entretien d'explicitation apporte une méthode de mise en mots d'une pratique qui est, ici, celle de l'enseignant qui doutait de ses compétences car il a

« *l'impression que ses élèves ne l'écoutent pas quand il leur transmet des consignes.* ». En fait, sa demande aux élèves manque d'indicateurs leur permettant de mieux orienter leurs recherches afin de s'acquitter de leurs tâches scolaires. L'absence de consignes peut mettre l'élève dans une posture de ne pas ou mal comprendre le but de l'enseignant, d'où l'inadéquation entre l'objectif attendu et le but atteint. La description des actions menées par l'enseignant montre qu'il ne suffit pas seulement de demander aux apprenants de faire, mais de leur inculquer également la manière de faire. Cela n'est possible que si l'enseignant dispose d'une compétence essentielle pour accomplir son travail pédagogique qui est celle de savoir faire-faire.

3. Conclusion

L'entretien d'explicitation a pour but de faire décrire l'action pour lui donner une dimension réfléchie. En pédagogie, il permet de faire décrire l'activité d'apprendre (c'est-à-dire comment comprendre, résoudre, mémoriser, faire des liens, etc.), de transmettre et d'accompagner.

Le questionnement vise à faire décrire de manière détaillée et précise le déroulement de l'action telle que l'interviewé l'a vécue. Cela lui permet de prendre conscience du « je » et de la manière d'agir de ce « je » grâce auxquelles il repère, analyse et comprend les erreurs, les dysfonctionnements ou les actions moins efficaces.

L'entretien d'explicitation pédagogique participe à la compréhension des actes cognitifs. L'accompagnement de l'apprenant durant l'entretien ne passe pas par des propositions de stratégies. Il l'aide à acquérir des connaissances nouvelles à propos d'un savoir, à corriger une connaissance erronée. Il le guide aussi dans la conception d'une méthode de travail personnelle plus efficace pour des apprentissages à venir et améliore ses stratégies d'action.

Pour l'enseignant comme pour un parent, l'entretien leur permet d'expliciter une manière de faire à un moment donné, dans un contexte précis afin qu'ils se rendent compte de ce qui n'a pas ou mal fonctionné lors de la transmission d'un savoir, de la communication d'une consigne de travail, d'un accompagnement scolaire ou simplement à l'occasion de leur interaction (interaction enseignant-apprenant ou interaction parent-enfant). En somme, l'entretien d'explicitation a pour objectif constant la recherche de l'implicite qui va rendre l'action passée et ses résultats intelligibles à l'interviewé.

Chapitre 4

L'art des métaphores en coaching pédagogique

Par la parole, l'homme est une métaphore de lui-même.
Octavio Paz

Depuis toujours, l'homme a utilisé des contes comme moyen d'enseignement, de transmission des valeurs culturelles et cultuelles, des règles, des savoir-faire, des savoir-être et de la morale. Le mot métaphore vient du grec *métaphora*, qui signifie « transposition », le préfixe *méta* signifie « au-delà » et le suffixe *phora* signifie « porter en soi ». La métaphore peut être une histoire réelle, une anecdote, un conte, un mot, un dessin, un jeu. Il faut saisir dans toute métaphore les éléments subtils qui font la différence entre une métaphore « littéraire » et une métaphore thérapeutique. La première utilise des descriptions imagées, plonge le lecteur dans un récit qui peut être tragique ou merveilleux. La deuxième a pour objectif de remanier, réinterpréter, recadrer et apporter un message psychologique.

Michel Kerouac (2004) définit la métaphore comme « *une manière de s'exprimer dans le cadre d'une communication humaine. Cette communication peut s'effectuer sur un mode verbal ou non verbal, l'un n'excluant pas l'autre.* »[26]. C'est une figure de style qui s'adresse à l'imaginaire de la personne, plutôt qu'à sa logique et devient ainsi active à l'intérieur de l'inconscient suivant un processus semblable à celui des rêves.

Dans un contexte de relation d'aide, la métaphore adopte un sens plus orienté ; elle cherche à modifier de façon durable les comportements et les attitudes. Toute la subtilité vient du fait que le conteur distrait l'esprit conscient du récepteur tout en envoyant des messages à l'esprit inconscient dans le but d'induire un nouveau schéma de pensée, une nouvelle attitude, de permettre au récepteur de contacter ses ressources intérieures et de les utiliser.

---

[26] Michel KEROUAC, *La métaphore thérapeutique et ses contes (études éricksoniennes)*, Editions MKR, 2004.

La métaphore est utilisée dans différents domaines comme en littérature, enseignement, management, thérapie, etc. Après l'exposé du processus de construction des métaphores, nous traiterons l'usage des métaphores pédagogiques qui incitent à l'apprentissage et aident à surmonter les difficultés d'acquisition ou de transmission des connaissances.

1. *Processus de construction des métaphores*

L'objectif recherché derrière la construction d'une métaphore est la possibilité d'offrir au récepteur un sentiment d'identification avec le récit et ses personnages. C'est ce sentiment d'identification qui fait la puissance de la métaphore en tant que facteur de changement. La personne pourra elle-même établir les connexions entre l'histoire et son propre vécu, dans le but d'intégrer, par identification, de nouvelles ressources et compétences. Une métaphore bien construite facilite le processus de changement ; elle présente une situation problématique d'une manière indirecte permettant à la personne qui en bénéficie de ne pas se sentir directement impliquée ou visée. Le récepteur peut ainsi rester dans une position de « spectateur » avec un regard plus objectif. La métaphore de Tom Sawyer l'astronaute présenté dans ce chapitre est l'exemple de métaphore bien construite.

La construction de métaphores est un processus complexe qui implique de bien identifier les acteurs, les problématiques, les objectifs et les enjeux. Il s'agit ensuite de déterminer le type de métaphore à composer, sa structure, ses combinaisons, son modèle de construction et ses véhicules.

1.1. Construction et structures de la métaphore

La construction d'une métaphore est un processus qui nécessite l'identification :

- des acteurs significatifs comme les parties en conflits chez l'individu, ses relations avec les autres ou son environnement ;
- des caractéristiques du problème objet de la métaphore (comme par exemple détester une matière, l'école, etc.) ;
- du système sensoriel privilégié par la personne ;

- l'état désiré, c'est-à-dire le résultat attendu et les ressources mobilisées pour y parvenir ;
- les facteurs de blocage empêchant la personne d'atteindre ses objectifs (manque de motivation, manque de confiance en soi, angoisse, peurs, etc.).

> *Dans l'exemple d'un enfant qui se plaint de détester l'école car il fait l'objet de moqueries de la part de ses camarades, les acteurs significatifs sont donc l'enfant, ses camarades et ses parents impuissants à le motiver à se rendre en classe. Les problèmes à traiter concernent le fait de détester l'école et la crainte des moqueries. Le système sensoriel privilégié peut être le canal auditif ou visuel. L'objet recherché serait celui d'aller avec plaisir à l'école. Les facteurs de blocage identifiés peuvent être le manque de confiance en soi, la peur des autres, la honte.*

Une fois ces éléments identifiés, la métaphore peut être construite sur la base des particularités de la propre dynamique de la personne à qui elle est adressée ; cette métaphore va droit au but. Pour bâtir une histoire éclairant le problème et faisant émerger de nouvelles stratégies et ressources, un certain nombre d'éléments sont à observer :

- ➤ choisir un contexte, une époque, une culture qui peuvent faire le lien avec le thème ;
- ➤ introduire dans ce contexte des liens avec la situation problématique (conflit métaphorique), des personnages, un déroulement isomorphique (analogie de la structure et non de la situation) ;
- ➤ personnifier les processus inconscients en créant des héros « *bons, gentils et plein d'amour !* » représentant les capacités et ressources de la personne (Tom Sawyer, héros d'un dessin animé utilisé comme exemple métaphorique dans ce chapitre) et des méchants « *malveillants dotés de mauvaises intentions...* » représentant ses peurs et ses croyances limitantes ;
- ➤ provoquer une crise métaphorique, moment pendant lequel le personnage fait une prise de conscience, dépasse et résout son problème ;
- ➤ faire émerger les ressources dont la personne a besoin pour passer de l'état présent à l'état désiré ;
- ➤ résoudre les difficultés. Dans le cas contraire, une modification de la stratégie est à opérer, ce qui implique un recadrage du problème et un accès à de nouvelles ressources afin de réaliser l'objectif désiré.

L'important est de permettre à la personne de développer un nouveau sentiment d'identification.

1.2. Types de métaphore et leurs logiques

La métaphore peut être verbale ou non verbale. La métaphore verbale se présente en général sous forme d'histoire, de conte, de fable, d'anecdote, de blague, de jeu ou de proverbe. La métaphore non verbale prend la forme d'une image, d'un logo, d'un geste ou d'un mouvement. En somme, on distingue quatre types de métaphore qui répondent à des logiques différentes[27].

1.2.1. La métaphore ouverte

Elle invite la personne à participer à l'élaboration de l'histoire ou à la solution apportée par le conteur, ce qui lui permet de transposer activement ses expériences dans son problème. Par exemple, demander à un élève de raconter une histoire sur l'école ou une matière qu'il déteste.

1.2.2. La métaphore fermée

Elle propose à l'individu une solution à son problème. La métaphore utilisée par le conteur peut se rattacher plus ou moins subtilement à la situation du coaché. Elaborer une métaphore qui aide l'élève à passer de sa croyance d'origine (« *Je ne peux pas réussir* » à une nouvelle croyance (« *Je peux réussir* »).

1.2.3. La métaphore de surface

Elle présente une situation qui a un lien direct avec celle du coaché. L'analogie peut provoquer une réaction immédiate chez une personne bien disposée et déterminée à régler son problème, mais peut aussi susciter des résistances et ne pas atteindre l'objectif désiré. Jean Becchio et Charles Joussellin (1994)[28] soulignent que ce type de métaphore ne joue que sur un seul niveau de communication. Sa signification est essentiellement apparente et

---

[27] Cf. Michel KEROUAC, op. cit., p. 34.
[28] Jean BECCHIO et Charles JOUSSELLIN, *Nouvelle hypnose. Initiation et pratique*, Paris Epi / La méridienne, 1994.

s'adresse au conscient de la personne. Raconter par exemple à un élève l'histoire d'un sportif qui, à force de travail, d'effort et de discipline, a battu des records et est devenu champion du monde. Cela suscitera chez l'élève la volonté de travailler pour réussir.

1.2.4. La métaphore profonde

Elle possède un lien beaucoup plus subtile, non explicite, avec la situation de la personne, ce qui lui permet en quelque sorte de « dépotentialiser » son conscient et de potentialiser l'inconscient. Les isomorphismes, c'est-à-dire les éléments de la métaphore correspondant aux éléments de l'histoire de la personne, y sont dissimulés, ce qui lui donne une plus grande force au niveau inconscient. Nous pouvons citer comme exemple celui de l'enfant qui a des difficultés à se concentrer en classe présenté dans le paragraphe 1.3.3.

1.3. Les modèles de construction de la métaphore

La métaphore introduit une dissociation entre la réalité immédiate et un ailleurs lointain et autonome. On y projette son propre problème et on imagine éventuellement le chemin qui peut permettre de le résoudre. Pour sa construction, Michel Kerouak évoque quatre modèles[29].

1.3.1. Le modèle intuitif

Grâce à l'intuition, le praticien conçoit une métaphore et la fait évoluer. Il peut, de façon naturelle, changer son contenu, lui donner une autre orientation et créer de nouvelles associations.

1.3.2. Le modèle des automatismes

Ce modèle se base sur l'utilisation du langage du corps, donc sur le non verbal et le paraverbal, sans toutefois négliger l'impact du langage verbal. C'est l'art de décrypter les indices corporels et de les utiliser pour les associer à la métaphore. Chaque personne possède certains automatismes, des réactions

---

[29] Cf. Michel KEROUAC, op. cit., pp. 77-88.

inconscientes. Ces automatismes sont présents dans les trois niveaux de la communication : le Corps, L'Intelligence et l'Affectivité, qui sont en connexion entre eux. Le geste de la main ou des doigts, la posture du corps par exemple sont des expériences du corps utiles pour consolider les associations isomorphiques entre l'histoire de la personne et l'histoire de la métaphore.

Pour aider un enfant à mémoriser que le mot « éléphant » s'écrit avec « ph » et non avec « f » (éléfant), je l'invite à visualiser et décrire un éléphant. L'enfant décrit un immense animal en faisant un geste semi circulaire ample. Je lui demande alors ce qui pourrait lui permettre d'associer le « ph » du mot éléphant à cette image. Après un moment de réflexion, l'enfant trouve que le volume de l'animal lui fait penser que le « ph » prend plus de place qu'un simple « f ». Cette association automatique (mot-volume) lui permettra dorénavant de se souvenir de l'orthographe du mot.

1.3.3. Le modèle théorique

Il consiste à considérer l'histoire d'une personne (X) dont les éléments correspondent à ceux de l'histoire à bâtir (Y) représentée par la métaphore. Par exemple, un enfant qui a des difficultés à se concentrer en classe pourrait s'identifier à la situation métaphorique de l'électricien cherchant à trouver le court-circuit empêchant l'électricité d'atteindre un mécanisme interne (le cerveau) qui devrait le rendre attentif lorsqu'il va se déconcentrer.

Tableau 9.   De l'histoire réelle à l'histoire de la métaphore

Le scénario de l'enfant			Le scénario de l'histoire de la métaphore	
L'enfant	X	⟹	Y	l'électricien
Déconcentration	D	⟹	CC	le court-circuit
L'absence de stimulus	AS	⟹	MI	le mécanisme interne

Les éléments des deux scénarios doivent être isomorphes, c'est-à-dire qu'ils doivent se correspondre un à un dans un rapport métaphorique comme le montre la figure suivante :

Tableau 10. Les axes isomorphiques

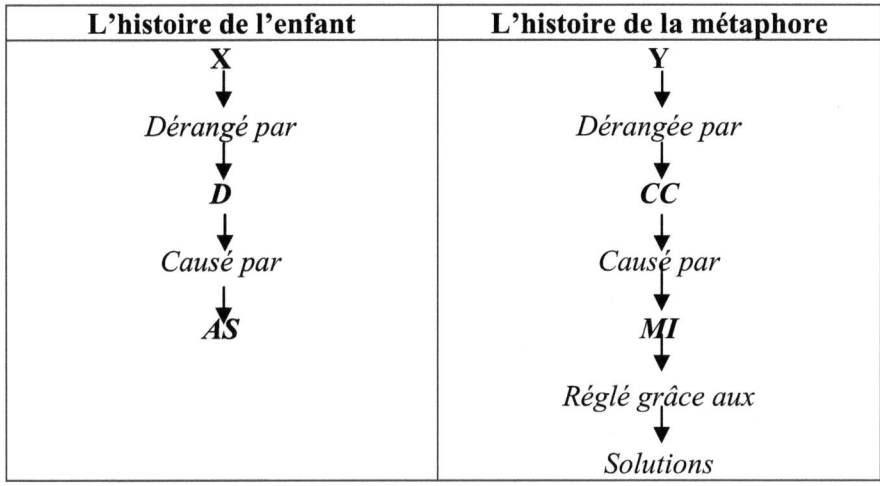

Si les éléments sont isomorphes un à un, les interactions entre les éléments doivent également être isomorphes. Il est ensuite possible de reproduire cet ensemble d'interactions dans la métaphore, en y ajoutant des alternatives et des solutions cachées.

En faisant des liens entre sa situation et la métaphore, l'enfant, dans l'exemple présenté ci-dessus, trouve des solutions et de nouvelles ressources pour transcender son état présent et atteindre son nouvel état.

1.3.4. Le modèle méthodique

Le modèle méthodique permet de construire une métaphore en dix étapes[30] :

Etablir le rapport

Le rapport doit être établi et accepté par les acteurs de la métaphore. Il est ensuite important de s'assurer de la qualité du contact avec le coaché.

---

[30] Cf. Michel KEROUAC, op. cit., pp. 81-85.

Tenir compte des modalités sensorielles du coaché

Les modalités sensorielles se reflètent dans la communication verbale et non verbale. Chaque personne gère ses communications avec les autres selon un modèle propre et individualisé. Il appartient au coach d'identifier chez le coaché les indices sensoriels possibles et saisir comment ceux-ci interagissent. Cela permet de mieux établir le contact.

Identifier les automatismes

Les automatismes sont les tics, les mouvements stéréotypés, les rituels gestuels, les mouvements les plus spécifiques de la motricité fine et globale, la manière dont la personne serre la main, croise les bras, respire, bouge, etc. Il s'agit de les observer et de les utiliser durant la métaphore pour être synchronisé avec le coaché.

Créer le contexte relationnel

Il est important de créer le climat et l'atmosphère nécessaires pour la construction de la métaphore, en employant le langage verbal, non verbal et paraverbal et en organisant des pauses pour vérifier si le coaché est toujours en relation avec son histoire.

Remplir les quatre boîtes

Les composantes de ces quatre boîtes sont : Croyances, Contexte de vie, Ressources et Résistances. C'est la règle des deux **C** et des deux **R** qui permet de cerner l'histoire personnelle du coaché et sa problématique.

Dans la boîte ***Croyances***, le coach va chercher le scénario de vie du coaché, ses croyances philosophiques, métaphysiques, religieuses, culturelles et existentielles, ses valeurs, etc. Ces croyances sont ce qui caractérise la personne ; elles sont ancrées dans sa personnalité. En matière d'apprentissage par exemple, l'élève qui croit avoir accumulé un énorme retard et être incapable de le rattraper, ne poursuit pas ses efforts et abandonne.

Dans la boîte *Contexte de vie*, le coach identifie la problématique du coaché (problème de manque de confiance en soi, de manque de motivation, etc.) et le nœud du problème.

Dans la boîte *Ressources*, le coach identifie les forces dont dispose l'apprenant par exemple, sa capacité à comprendre les multiples stratégies déjà utilisées et qui ont déjà fonctionné dans un autre contexte, ses mécanismes d'adaptation, son optimisme, son estime de soi, son sens critique, ses initiatives, son degré d'enthousiasme, etc. Dans cette boîte s'évalue aussi le contexte dans lequel se manifeste le problème ainsi que les attitudes des personnes qui y sont impliquées.

Dans la boîte *Résistances*, le coach identifie les mécanismes de défense et les *pattern*s de communication qui paralysent les interactions du coaché avec les autres. Une résistance est souvent l'expression d'un mal-être, d'un malaise qu'il faut comprendre et sur lesquels il faut travailler (un élève qui se sent par exemple exclu en classe par sa maîtresse ou ses copains).

Isomorphiser les éléments des boîtes

Une fois les quatre boîtes remplies, on peut isomorphiser les éléments de l'histoire personnelle du coaché avec celle de la métaphore. Le coach puise dans les informations contenues dans les boîtes pour construire la métaphore.

Calibrer les modes de communication

Il est judicieux de calibrer sa communication verbale, non verbale et paraverbale avec celle du coaché. Ainsi, le coach renforce son rapport avec le coaché, s'ajuste à ses réactions et le rassure. La calibration permet au coaché d'intégrer la métaphore sur le plan corporel afin qu'elle puisse évoluer.

Faire participer le coaché

En offrant au coaché la possibilité de participer au conte par exemple, le coach peut s'ajuster à son vécu et faire évoluer la métaphore.

Recadrer

Il est important pour le coach de se recadrer en se servant des indices verbaux et non verbaux du coaché pour harmoniser les automatismes physiques de ce dernier (sensations, rythmes respiratoires, etc.).

Refermer la boucle de rétroaction

Il s'agit de clore l'événement métaphorique en invitant le coaché à se détacher de son histoire et à revenir au lieu et au moment présent.

1.4. Les véhicules métaphoriques

Les véhicules de la métaphore sont des moyens grâce auxquels des émotions, des sensations vécues sont transmises. Ces moyens sont nombreux comme par exemple les livres, les bandes dessinées, les fictions, la musique, les jeux, l'art-thérapie, la sculpture.

1.4.1. Le potentiel métaphorique des livres et des bandes dessinées

Les livres possèdent un potentiel métaphorique intéressant. Nous avons tous un ou plusieurs livres qui ont marqué ou changé notre vie. Le coach peut proposer à son client des lectures dont le contenu métaphorique pourra l'aider. Les livres de conte, souvent illustrés, ont des contenus métaphoriques qui évoquent nos rapports aux autres et aux choses. Certains, caractérisés par la simplicité du langage et leur trait poétique, sont riches en suggestions.

La bande dessinée plaît toujours aux enfants comme aux adultes grâce à sa dimension à la fois fantaisiste et imaginaire. L'individu s'identifie à un ou plusieurs héros qui possèdent en eux des dynamiques métaphoriques.

1.4.2. La métaphore et les fictions

Certains films, séries télévisées et dessins animés possèdent un contenu métaphorique qui permet d'établir un lien avec la situation de l'enfant (le coaché). Il appartient au coaché de choisir la fiction qui l'intéresse, car elle éveille métaphoriquement en lui un processus de réflexion.

1.4.3. La métaphore et la musique

La musique peut être utilisée comme source métaphorique. Elle agit particulièrement sur notre état psychologique et physique. Cette action dépend de notre disposition psychologique et physique au moment de l'écoute et de ce qu'elle représente pour nous. Le chant sacré par exemple touche toutes les âmes blessées et toutes les couches sociales. Il les invite au recueillement, à l'intériorité et donc à relaxation et à la méditation. Il existe d'ailleurs de la musique de relaxation avec des suggestions subliminales.

La musicothérapie peut être combinée à la métaphore. Cette combinaison a été utilisée entre autre pour atténuer les problèmes de sommeil chez des jeunes ou moins jeunes personnes. La musique est métaphoriquement riche. Il est donc possible de proposer au coaché de choisir un programme musical avant d'aborder une problématique donnée.

1.4.4. La métaphore et l'art-thérapie

L'enfant s'exprime spontanément à travers ses dessins dans lesquels il peut projeter son monde intérieur. Les thérapeutes d'enfants utilisent les marionnettes, le dessin, la gouache tactile, le dessin de la famille, de l'arbre, etc. comme des moyens de contact et d'accès au monde interne de leurs patients.

J'ai demandé à un enfant, qui a des troubles du comportement, de dessiner sa classe. Il a fait un dessin dans lequel il a représenté la maîtresse et son bureau bien imposant, le pupitre de ses camarades et, tout au fond de la classe, son bureau, à peine visible. Cela montrait qu'il était marginalisé, à la limite exclu de ce qui se passait en classe, ce qui le rendait davantage agressif à l'égard de ses camarades et lui faisait détester l'école. Au début de chaque séance de coaching, dont l'objectif était de lui donner du plaisir à apprendre et de le rendre attentif en classe, je demandais à l'enfant de me faire un dessin de sa classe. Il s'agissait pour moi d'évaluer l'évolution de son niveau d'assiduité et d'intégration scolaire. Dans chaque dessin, sa place en classe changeait jusqu'à se situer au premier rang. Cela indiquait que plus l'enfant était attentif, calme et moins angoissé, plus il participait activement en classe et perturbait moins ses camarades.

1.4.5. La métaphore et le jeu

L'utilisation du jeu sous toutes ses formes, peut apporter au coaching une dimension fortement métaphorique, car le jeu déstabilise les résistances de l'individu. La métaphore d'un jeu de rôle peut aider, par exemple, à débloquer la tension qui écrase un enfant turbulent.

1.4.6. La métaphore et la sculpture humaine

David Kantor (1983) définit la sculpture comme « *un processus actif, non linéaire, dépeignant les interactions dans l'espace et le temps de manière à ce que les événements et comportements soient simultanément perçus et vécus. Elle a pour but de mettre en scène les significations, les métaphores et les images des interrelations de manière à ce qu'elles puissent être partagées par tous les participants et observateurs.* »[31]. Plusieurs thérapeutes conjugaux et familiaux comme Virginia Satir, Jacqueline Prud'homme, Maurizio Andolfi ont recouru à ce véhicule métaphorique.

Simple et intéressant, ce procédé métaphorique permet de recueillir des interactions familiales, conjugales ou de groupe. Telle une photographie d'une scène de la vie, la sculpture humaine possède un langage analogique et non verbal. Cette technique s'apparente au jeu de rôle et au psychodrame et met en scène un sculpteur. Elle est pratiquée en groupe.

Un des participants prend le rôle du sculpteur qui a pour but de reproduire, sous la forme d'une sculpture statique, une scène de la vie. Il donne aux « sculptés », c'est-à-dire aux autres participants, des consignes portant sur la position et l'orientation du corps, la direction du regard, etc. Le « sculpté » a pour tâche de prendre la pose et de la conserver, comme une statue de cire. Il ne doit pas influencer le sculpteur, que ce soit verbalement ou non verbalement. Le sculpteur prend également place dans « l'œuvre ». Le coach peut faire des

---

[31] David KANTOR, *The Structural-Analytic Approach to the Treatment of Family Developmental Crisis. Development Theory and Structural Analysis*, in Clinical Implications of the Family Life Cycle, Aspen, 1983, pp. 12–34.

commentaires sur la perception du sculpteur et l'aide à « sculpter » une position, une émotion ou une situation. Il peut aussi construire des métaphores à partir de scènes observées.

De nombreuses scènes peuvent ainsi être montées, démontées, remontées, recadrées et réactivées. Le sculpteur peut alors transformer l'instantané, donner une nouvelle forme à la sculpture qui devient dynamique. C'est un peu comme s'il avait le pouvoir de prendre une photo et de la modifier en changeant les postures corporelles, les gestes, les sens, etc. Ces changements permettent au coaché de prendre une position active face à des situations problématiques dans lesquelles il était auparavant resté passif et impuissant, et de passer de la position d'auteur à celle de réalisateur, de producteur puis de spectateur.

La sculpture permet, à partir des sens et du corps de la personne de visualiser ou encore de sentir, de capter ou de ressentir des sensations et perceptions nouvelles. Elle crée ainsi un contexte riche porteur de sens et de liens concrets dans un langage analogique et métaphorique[32].

Grâce à ses modes de transmission, la métaphore s'adresse au conscient et à l'inconscient de la personne. Sa réussite tient de l'utilisation conjointe du non verbal et du paraverbal, en congruence avec le verbal.

1.5. La métaphore et le cycle de vie

La vie est évolutive. C'est une succession d'étapes, de cycles pendant lesquels l'individu passe de l'enfance à l'adolescence puis à l'âge adulte. Durant ces cycles, il a des parents, une famille, une éducation, des croyances, une vie de couple, des enfants, des maladies ; il vit aussi des rencontres, des séparations, des deuils, etc. A chaque cycle correspondent des besoins, des identifications, des interrogations, des problématiques. La figure suivante présente neuf cycles de vie avec leurs besoins, les forces à développer, les attitudes à prendre et les tâches à effectuer.

---

[32] Cf. Michel KEROUAC, op. cit., p. 58.

Tableau 11. **Cycles de vie, besoins, forces et attitudes**

Cycles de vie	Durée	Besoins et attitudes
1er cycle	De la naissance à 6 ans environ	1.1. 0 à 6 mois : Etre. 1.2. 6 à 18 ans : Faire. 1.3. 18 à 3 ans : Penser. 1.4. 3 à 6 ans : S'identifier, intégrer l'autorité extérieure, apprendre, être acteur d'un rôle idiosyncrasique, être acteur ou auteur d'un rôle.
2è cycle	De 6 à 12 / 14 ans	2.1. Dialoguer avec le soi relationnel en lien avec son Moi (introspection, dialogue interne). 2.2. Tolérer la frustration et se responsabiliser. 2.3. Gérer des notions et des logiques : temps (±7 ans), espace (les perspectives : ± 9 ans), pensée formelle (12 ans et plus). 2.4. Etre habile. 2.5. Sortir du paradoxe entre s'opposer et se poser.
3è cycle	De 12 / 14 à 18 / 24 ans	3.1. Etre reconnu par rapport à ce que je suis et non uniquement par rapport à ce que je fais. 3.2. Connaître ses limites, rebondir et développer différentes logiques, mémoires et souvenirs. 3.3. Se régénérer et apprendre à gérer la loi du tout ou rien, de l'absolu au relatif. 3.4. Gérer et intégrer les différences. 3.5. Trouver une ou plusieurs voies pour se réaliser. 3.6. Quitter ses parents et son milieu tutélaire.
4è cycle	De 18 / 24 à 30 ans environ	4.1. Relativiser les choses. 4.2. Apprendre à dire *oui* ou *non* sans se blesser. 4.3. Eviter d'entrer dans le triangle : *Sauveteur, Victime, Persécuteur*. 4.4. Résoudre le dilemme entre son engagement, sa liberté et son intimité.
5è cycle	De 30 à 40 ans environ	5.1. Trouver une réponse aux questions sur l'appartenance sociale. 5.2. Se réaliser dans son travail et son

			engagement social et personnel. 5.3. Intégrer les nuances entre les principes et les logiques de la réalité, du plaisir, du bonheur. 5.4. Approfondir la générativité (le respect de la personnalité de l'autre) et l'intégrité.
6è cycle	De 40 à 50 ans environ	6.1. Se « reparenter », le « grand ménage », le retour à ses sources. 6.2. Répondre aux questions existentielles : « *Que vais-je faire du temps qui me reste à vivre et dans quel espace ?* » 6.3. Etre congruent comme porteur de sens et de liens.
7è cycle	De 50 à 65 ans environ	7.1. Continuer l'intégration des valeurs d'autonomie et de sagesse (l'amour, le pardon, etc.).
8è cycle	De 65 à 80 ans environ	8.1. Etre un modèle porteur de sens et de liens, intégrer la force et la puissance, continuer d'être amoureux de la sagesse.
9è cycle	De 80 à 100 ans et plus	9.1. Etre serein, gérer la baisse de l'énergie vitale, se préparer à la mort.

On remarque que le premier cycle, de la naissance à six ans, comprend en fait quatre cycles distincts, réunis en un grand cycle. C'est le cycle pendant lequel une personne se constitue, forme sa structure psychique, acquiert des croyances à son sujet et au sujet des autres.

La métaphore peut devenir particulièrement riche pour la personne lorsqu'elle est utilisée dans le cadre d'un passage d'un cycle de vie à un autre. Chaque cycle de vie l'amène à développer une force particulière et les étapes de développement ne s'organisent pas de façon linéaire. A n'importe quelle période de sa vie, la personne peut approfondir une étape précédente.

2. *Exemples d'utilisation de la métaphore pédagogique*

La métaphore pédagogique introduit des analogies qui peuvent faciliter la compréhension d'un concept, d'une situation. Les pédagogues ont souvent recourt à elle pour faciliter la transmission des connaissances et les apprenants pour exprimer une difficulté. Nous présentons un conte élaboré pour un élève qui n'aime pas l'école et une métaphore construite par un groupe d'apprenants rencontrant des difficultés à s'exprimer oralement et par écrit en classe.

2.1. Premier exemple : la métaphore de Tom Sawyer l'astronaute

Tony, âge : 9 ans, en 3ème année de l'école primaire.

2.1.1. Présentation du contexte

Tony, petit garçon de neuf ans, déteste aller à l'école. Il est angoissé avant de partir, pleure, crie sans cesse car il s'y sent « *malheureux, rien ne l'intéresse ; il s'ennuie en classe au point d'avoir envie de dormir* ». Par contre, il prétend ne rien apprendre et se sent « *rejeté par sa maîtresse et ses copains* ». Il dit apprendre beaucoup à la maison en regardant la télévision ou quand il joue au football. En classe, il s'énerve vite, interrompt sans cesse la maîtresse, perturbe ses copains et n'arrive pas à rester calme. Son comportement pousse sa maîtresse à l'exclure régulièrement de la classe ou à le placer au dernier rang, ce qui ne facilite pas son intégration scolaire.

Il pense que ses parents « *aiment davantage l'école que lui* » car ils ne cessent de lui répéter que « *l'école c'est bien* », « *l'école c'est merveilleux* », « *on apprend beaucoup à l'école* », « *on a passé de bons moments à l'école* », etc.

Tony est un enfant sensible qui avait besoin d'être aidé pour exprimer ses émotions autrement que par les cris et les pleurs. L'utilisation du conte serait bénéfique car Tony, enfant plein d'imagination, adore aussi bien écouter les contes que les raconter. Il n'aime pas l'école, mais il a un grand projet d'avenir : il aimerait devenir astronaute ! C'est autour de ce désir que je construis la métaphore dans le but de susciter en lui l'envie d'aller sans angoisse à l'école et d'apprendre.

J'ai construit la métaphore autour du personnage de Tom Sawyer, héros d'un dessin animé que Tony adore regarder à la télévision. Il est fasciné par ce personnage et n'hésite pas à raconter avec émerveillement ses aventures.

2.1.2. Tom Sawyer l'astronaute

Tu connais Tom Sawyer ? Depuis tout petit, ce garçon n'aime ni aller à l'école ni se lever tôt. Quand ses parents l'emmènent de force à l'école, il se met au dernier rang, se cache du regard de la maîtresse. Il essaie toujours de ne pas se faire remarquer pour ne pas être interrogé. Quand la maîtresse lui demande de lire, il commence à balbutier ; personne ne comprend ce qu'il veut dire. Et lorsqu'elle lui demande d'écrire, à peine commence-t-il à rédiger quelques mots qu'il s'endort sur sa feuille.

Par contre, Tom adore jouer, se promener dans la forêt, pêcher, courir derrière les lapins, les papillons, les oiseaux. Oui, les papillons et les oiseaux, car Tom aimerait voler comme eux. Il passe des heures à rêver qu'il vole pour découvrir de nouveaux espaces, de nouvelles planètes, de nouvelles terres, de nouveaux océans et regarder de plus près les étoiles. Cela lui paraît beaucoup plus intéressant que d'aller à l'école, lire, écrire, car tout cela l'ennuie et le fait dormir.

- *Un jour, alors qu'il joue dans la forêt, il rencontra son grand-père qui lui dit :*
- *Bonjour Tom, que fais-tu à cette heure-ci dans la forêt ? Ne devrais-tu pas être à l'école ?*
- *Je joue, lui répondit Tom.*
- *Tu joues à quoi petit Tom ?*
- *Je joue à voler.*
- *A voler ! Mais tu n'es pas un oiseau !*
- *Non, mais j'aimerais voler, voler si haut et regarder la Terre depuis le ciel.*
- *Ah, mais pour voler si haut, tu dois avoir une fusée et surtout savoir la piloter. Qu'aimerais-tu devenir quand tu seras grand ?*
- *Hum... J'aimerais devenir astronaute et voyager loin dans l'espace à travers les étoiles, puis regarder la Terre, la mer depuis en haut, très haut.*

Le grand-père est très fier de Tom. Il lui explique que devenir astronaute demande des efforts, de grands efforts et beaucoup de travail à l'école. Il lui propose alors de venir avec lui à la maison pour lire un livre sur comment devenir astronaute. Non intéressé, Tom lui répond :

- *Non, pas maintenant car j'ai envie de jouer et les livres m'ennuient.*

Quelques jours passent et Tom ne s'est toujours pas rendu chez son grand-père pour lire le livre sur comment devenir astronaute. Un jour, alors qu'il joue dans la forêt, il fait la rencontre d'un vieil homme avec une longue barbe blanche ; c'est le druide du village qui lui dit :

- *Bonjour Tom, je te vois souvent venir jouer dans la forêt. Tu aimes bien voler car je te vois souvent grimper sur les arbres. Tu essaies de voler mais tu tombes tout le temps ; on dirait que tu veux imiter les oiseaux ?*
- *Oui, j'adore voler, lui répondit Tom.*
- *Tu es intelligent, tu connais beaucoup de choses sur les oiseaux, lui dit le druide.*
- *Oui, j'apprends beaucoup de choses en jouant.*
- *Sais-tu que tu peux apprendre plein de choses autrement et de manière tout aussi agréable ?*
- *Apprendre de manière agréable ! Comment ça lui répondit Tom ?*
- *Pour savoir comment, tu dois aller voir ton grand-père.*
- *Mon grand-père ! Lui répondit Tom un peu étonné.*
- *Oui, ton grand-père. Sais-tu qu'il possède des livres avec des images sur la Terre, les océans, les oiseaux, etc. ?*
- *Non.*
- *Alors, va le voir, il te les montrera.*

Etonné, curieux et désireux de savoir ce que montrent ces livres, Tom se dirige à vive allure vers la maison de son grand-père. Une fois arrivé, il lui demande de lui montrer ce qu'il possède sur la Terre, les océans et surtout le livre dont il lui avait parlé sur comment devenir astronaute. Il lui dit : « Grand-père, je veux devenir astronaute et pour cela je suis prêt à apprendre ; montre-moi le livre sur comment devenir astronaute et les autres livres sur le monde. ».

Heureux, le grand-père lui apprend à lire ces grands livres, à écrire le nom des planètes, des pays. Il lui enseigne les mathématiques pour calculer les distances et les vitesses et plusieurs autres choses sur notre Univers si vaste et ses habitants si divers.

Tom est content, heureux de savoir qu'il peut avoir du plaisir à apprendre. Il a fourni d'énormes efforts et sait qu'il doit en faire encore davantage. Tom est sur le point de devenir astronaute et de réaliser son rêve : voler, regarder d'en haut, depuis si haut la Terre et voyager loin dans l'espace à travers les étoiles.

Par Karim Mouzoune.

2.1.3. Effet de la métaphore sur Tony

Le coach a puisé dans les informations contenues dans les quatre boîtes (Croyances, Contexte de vie, Ressources et Résistances) de l'élève pour construire la métaphore. Cela a permis à Tony de se sentir par moment acteur de cette métaphore. Je le voyais absorbé par l'histoire de Tom ; ses yeux s'écarquillaient quand il entendait parler de la Terre, de l'Univers, des étoiles, de l'envie de devenir astronaute. Il s'est laissé emporter par l'histoire, transposant ses sensations auditives, visuelles, tactilo-kinesthésiques, vestibulaires (oreille interne) et autres sensations cénesthésiques* dans le contexte de Tom Sawyer.

Il s'est identifié à Tom, grâce notamment à la vocation partagée de devenir astronaute. Il a compris que, quel que soit son désir, il doit apprendre pour le réaliser, et pour apprendre, il doit aller à l'école, écouter la maîtresse, lire des livres. Il s'est rendu compte aussi qu'il peut apprendre autrement, c'est-à-dire d'une manière agréable qui suscite chez lui le plaisir d'étudier.

A la fin de la séance, j'ai demandé à Tony de lire la métaphore, chose qu'il a faite avec plaisir et curiosité mais sans angoisse ni tension. Il a réussi à l'intégrer au point que lors des séances suivantes de coaching, il a continué à me parler de ce qu'il faisait à l'école, de ce qu'il avait appris, en citant Tom, comme pour me dire qu'il a suivi le chemin de ce dernier et que Tom et lui ne font qu'un.

2.2. Deuxième exemple : la métaphore du train

Ce deuxième exemple est l'extrait d'une expérience réalisée avec quatre élèves de 8ème année du Cycle d'orientation, âgés de 14 - 15 ans qui rencontraient des difficultés à s'exprimer par écrit. Un manque de confiance en soi semble à l'origine d'un blocage dans leur processus d'apprentissage.

---

* Sensations internes globales qui occasionnent une impression d'aise ou de malaise.

2.2.1. Contexte général et construction de la métaphore

Un professeur m'a présenté le cas de ces élèves brillants en mathématiques, biologie, orthographe, grammaire, conjugaison, géographie, mais manifestant des difficultés à commenter un texte ou à rédiger un exposé. Ils apprennent facilement par cœur, mais rencontrent des problèmes lorsqu'il s'agit de faire une synthèse, d'imaginer, d'inventer ou d'improviser. Le professeur s'interroge : « *Comment, avec de si grandes compétences, ne réussissent-ils pas à faire preuve d'imagination et d'inventivité ?* ».

Lors de notre séance de coaching, j'ai proposé aux élèves de raconter une histoire tout en l'enrichissant avec les images choisies. Le choix de cette méthode a pour but de stimuler l'imagination des élèves et de voir comment ils vont structurer et exprimer leur pensée. Sur le plan pratique, l'exercice consiste à :

- ➢ découper des photos de journaux et de revues ;
- ➢ les classer suivant les catégories : humains, animaux, nature, bâtiments, etc. ;
- ➢ choisir le thème et le genre littéraire de l'histoire ;
- ➢ décider des personnages ou acteurs de l'histoire ;
- ➢ coller les photos dans un cahier dans l'ordre qui leur plaît ;
- ➢ rédiger l'histoire en respectant l'ordre des photos.

L'objectif de cet exercice était de permettre aux élèves d'élaborer une histoire à partir d'un thème, de décrire les événements, d'exprimer leurs sentiments en utilisant les images assemblées. A la fin de l'exercice, le groupe devait lire son histoire et partager ses impressions.

Les élèves ont découpé des photos dans des journaux et revues ; ils ont choisi le thème de l'histoire : « L'état de la planète Terre ». Ensuite, ils ont classé les images en respectant le déroulement de l'histoire puis échangé leurs impressions sur la manière de construire et de présenter la métaphore.

2.2.2. Présentation de la métaphore du train par les élèves

Notre société actuelle est comme un train. Nous sommes les passagers ; le conducteur du train et les contrôleurs sont le système économique. Les gens sont dans le train ; ils mangent tranquillement, discutent, lisent, écoutent de la musique, font des jeux sur leurs ordinateurs.

Mais, il y a des passagers curieux qui regardent par la fenêtre. « *Tiens, c'est bizarre ce paysage qui défile au dehors* ! Il est laid, moche, sans arbres ni jardins. Il y a plein de poubelles et des déchets jetés partout, de la fumée qui sort des usines, il y a des embouteillages et tout le monde klaxonne. Regarde, les gens se baladent en portant des masques et là-bas l'eau du lac est brune. Cette ville est comme une poubelle... », disent-ils. « *Taisez-vous, vous nous dérangez* », répliquent les autres passagers.

Quelques passagers téméraires osent ouvrir la fenêtre par où entrent de mauvaises odeurs qui dérangent les autres passagers. Une forte chaleur est entrée dans le wagon. Mais ces téméraires voient quelques choses, quelques choses de très bizarre ! Ils ont vu que le train fonce sur un mur... Et c'est là que les ennuis commencent vraiment. « *Que faire ?* », se demandent les passagers téméraires.

Les autres passagers ne veulent rien savoir de ce qui se passe. Le train ne vibre pas, donc pour eux, pas de danger à l'horizon. Et puis ce mur, ils ne le voient pas... « *Pourquoi devrait-on croire ces fous alors qu'on est bien tranquilles au chaud dans le train ?* », disent-ils.

La première réaction des passagers téméraires est de se dire : « *Mais il est fou le conducteur ? Pourquoi ne freine-t-il pas ?* », « *... ça doit être un méchant conducteur, il veut nous tuer* ».

Les passagers téméraires qui ont vu le mur commencent à faire des plans pour avertir les gens, pour avoir suffisamment de soutien des personnes qui ont vu le mur comme eux. Grâce à eux, ils peuvent atteindre le conducteur et l'obliger à changer de direction ou freiner.

Dans le train, il y a des gens qui attaquent le conducteur et ceux qui le protègent. Finalement, de plus en plus de monde se bat au bord du train ; il y a même des débats organisés sur ce fameux mur. Il paraît que des personnes intelligentes l'ont vue !

Certains passagers, qui regardent par la fenêtre, voient le mur. Ils remarquent aussi que la voie est unique. Et ils commencent à se poser des questions sur le conducteur... « *S'il ne peut pas changer de voie, que peut-il vraiment faire pour éviter le mur ?* », disent-ils.

D'autres passagers essayent de prendre les commandes du train. Et chaque fois qu'un opposant prend le contrôle du train, il promet aux passagers de changer de direction, mais en fait, le train continue sa marche, sans changement.

Soudain, des opposants remarquèrent que le conducteur ne conduit pas réellement et que le train roule automatiquement. « *Ah, le conducteur n'est pas un vrai conducteur, il fait juste semblant de conduire !* », s'exclament certains opposants.

Alors là, commencent les vrais problèmes. Certains se demandent : « *Que va-t-on faire ?* ». Certains comprennent. « *Il faut descendre du train même en marche pardi… !* », disent-ils. Et là, on se rend compte du danger qui guette les passagers.

Tous comprennent qu'ils ne sont pas faits pour vivre dans un train dans lequel on se contente de voir défiler le monde par la fenêtre, mais qu'ils sont là pour explorer ce monde. On comprend que les luttes à l'intérieur du train ne sont pas une perte de temps, mais que c'est quelque chose d'important pour la sécurité de tous. Tout le monde comprend qu'il faut changer notre regard sur ce que nous faisons, que nous ne sommes pas des passagers d'un train pour l'éternité.

« Nous sommes des voyageurs faits pour explorer le monde. Et quand on comprend cela, on change notre regard sur nous-mêmes, sur le monde qui nous entoure et là, on doit avoir le courage de changer de direction. Et on en vient même à remercier le mur, parce que sans lui, on se serait avachi dans le train jusqu'à la fin des temps ».

De plus en plus de passagers voient le mur et se demandent comment l'éviter. Nombreux sont ceux qui se préparent à sauter du train, mais est-ce l'unique solution ? « *Non* », dit la majorité qui réclame de changer de direction, de prendre une autre voie pour sauver ce train.

Ainsi, un jeune prend les commandes. Il reprogramme la destination du train. Ce dernier change de direction dès l'arrivée à un carrefour où se croisent plusieurs destinations. Finalement, le train prend la direction de *Magnifia*, une très belle cité où il n'existe ni usines ni véhicules polluants, une cité où les enfants jouent dans de grands jardins, où les animaux vivent en liberté et où le chant des oiseaux remplace le bruit des voitures.

2.2.3. Analyse de la métaphore du train

Les élèves ont réussi un bel exercice de narration. Ils sont partis d'un thème d'actualité qui est l'état de notre planète pour exprimer à la fois leurs inquiétudes, leurs peurs et leur désarroi face à la dégradation de l'environnement.

Les élèves se sont bien servis des images à disposition grâce auxquelles ils ont pu raconter une histoire riche en description notamment concernant le paysage observé depuis le train. Ils ont été capables d'abstraction, de concrétisation et surtout d'établir des analogies et des parallélismes. Ainsi, ils ont utilisé « comme » et le verbe « être » pour construire des comparaisons : « *Cette ville est comme une poubelle* ». Ils ont également choisi le comparant et le comparé dans des catégories différentes pour ne pas tomber dans la comparaison graduée. Enfin, ils ont employé des adjectifs : *laid, moche, téméraires, intelligentes, etc*. Ils étaient donc en mesure d'exprimer leurs impressions et leurs pensées.

Les apprenants ont utilisé une métaphore qui relève du domaine analogique ce qui implique le recours à la logique de spirale ou multidimensionnelle dans laquelle l'espace et le temps ne sont pas pris en considération. En fait tout s'y mêle et tout y est possible, un peu comme dans un rêve. La logique de spirale leur a permis une plus grande liberté quant au développement des isomorphes et laisse plus de place à l'imagination. Enfin, leur métaphore est profonde ; elle est basée sur l'intuition grâce à laquelle ils l'ont conçue et fait évoluer.

Grâce à la métaphore, les élèves ont montré leur capacité à imaginer, inventer, isomorphiser, rédiger et à dévoiler leur pensée. Ils ont mis en commun leur savoir-faire imaginaire et leur métaphore apporte une solution à leurs difficultés à s'exprimer par écrit. Quand ils ont lu leur histoire, quelque chose s'est passé en eux, un changement profond qui se traduit par le plaisir d'avoir construit une « *belle histoire* » à la fois actuelle et d'actualité.

3. *Conclusion*

Les métaphores nourrissent l'inconscient collectif depuis l'aube de l'humanité. On les retrouve partout, dans les religions, les cultures, les familles, les traditions et la justification des comportements. Qu'il s'agisse de mythes fondateurs, de légendes, de paraboles, elles ont un impact profond sur nos vies et orientent certains de nos choix. Les métaphores, qu'elles soient sous forme d'histoires réelles, d'anecdotes, de contes, de mots, de dessins ou de jeux, ont fondé notre imaginaire, nos peurs, nos désirs.

Par certaines histoires on se sent rejoint, compris, plus éclairé dans notre vécu, on se reconnaît, on n'est plus seul : « *Oui, ça c'est tout moi* ». « *Si quelqu'un a écrit cela, c'est qu'il l'a vécu et peut me comprendre ; je ne suis pas un monstre extra-terrestre !* » Et cela est en partie rassurant.

Nous rejoindre là où nous sommes, transposer notre expérience dans un autre espace que celui qui est bloqué, amener une solution, est le chemin que nous fait parcourir de façon inconsciente toute métaphore. Nous n'avons pas besoin d'être conscient de tout cela pour changer. Chacun d'entre nous se souvient de nombreuses histoires entendues durant l'enfance, histoires qui nous marquent toute la vie et qui nous orientent parfois dans nos choix.

En apprentissage, la capacité de transférer des connaissances et des aptitudes d'un domaine de savoir à un autre est l'une de ces compétences dont l'élève usera dans le métier qu'il aura à exercer. On voit comment les enseignants, les parents et bien d'autres utilisent les métaphores et les comparaisons. Ils savent bien que chacun de nous, dans ses réflexions, utilise des images acquises pour que de nouvelles trouvent une place dans l'esprit ; ils désirent alors éveiller des images pour les utiliser comme comparants. C'est là une qualité nécessaire dont doit se doter celui qui désire transformer une acquisition nouvelle en ressource.

Un bon pédagogue cherche des mots-images, c'est-à-dire des constructions métaphoriques qui illustrent une réalité. La métaphore pédagogique permet des analogies qui facilitent la compréhension d'un concept, d'une réalité. Elle aide à l'apprentissage et au-delà stimule l'imagination de l'apprenant.

Chapitre 5

La gestion mentale dans la pratique pédagogique

La mémoire est la sentinelle de l'esprit.
William Shakespeare, *Macbeth*

La gestion mentale met en évidence la capacité de chacun à gérer ses ressources intellectuelles. Elle nous éclaire sur les caractéristiques cognitives des personnes : certaines sont plus auditives et d'autres plus visuelles, certaines fonctionnent plutôt par synthèse et d'autres plutôt par analyse ; certaines ont pris l'habitude d'orienter leur pensée vers le domaine du concret, d'autres vers celui des symboles, de la logique ou de la créativité. La gestion mentale permet d'améliorer ses capacités d'attention, de mémorisation, de réflexion, de compréhension, d'imagination. Elle propose d'établir un dialogue pédagogique avec les apprenants pour enrichir leurs moyens d'apprendre et favoriser ainsi leur réussite scolaire.

La théorie de la gestion mentale a été initiée par Antoine de La Garanderie qui a grandi avec de sérieux problèmes auditifs. Ne recevant aucune aide spécifique, il a eu des difficultés d'apprentissage. Aussi s'est-il intéressé aux raisons de la réussite et de l'échec scolaire. En cherchant à comprendre comment chacun opérait pour mémoriser, réfléchir, imaginer, etc., il a identifié les différents « profils d'apprentissage » qui s'organisent autour « d'habitudes mentales » peu conscientes et mettent en œuvre de véritables « gestes mentaux ».

Derrière le terme de « gestion mentale », il y a l'idée que, de la même manière qu'il existe des gestes physiques, il existe également des gestes mentaux. Si par exemple vous voulez apprendre à nager à un enfant, deux solutions s'offrent à vous. Vous le plongez dans une piscine et vous attendez qu'il trouve par lui-même les ressources pour se maintenir à la surface. Peut-être trouvera-t-il, tout seul, les gestes qu'il faut faire pour nager mais avec le risque de boire la tasse ou pire de se noyer. Ou bien vous lui enseignez les bons gestes afin qu'il réussisse à bien nager. Il en est de même pour les gestes mentaux. Certains vont découvrir par eux-mêmes ce qu'il faut faire pour accéder au savoir, d'autres vont peiner, se décourager, se démotiver et auront besoin qu'on leur apprenne comment mettre en marche efficacement leur mental. La gestion mentale a pour objectif de donner à chacun les moyens mentaux nécessaires à la mise en marche de ses apprentissages.

La gestion mentale concerne chacun de nous. A chaque instant de notre vie, lorsque nous sommes conscients, nous avons besoin d'être attentif, de mémoriser, d'imaginer. Toute situation nouvelle demande compréhension, réflexion. Tout dépassement de soi demande de l'imagination. A tout moment nous utilisons, sans même le savoir, les principes de la gestion mentale. Connaître et savoir appliquer ces principes permet d'augmenter ses propres performances et d'aider les autres dans ce sens.

La prise en compte par un individu de son mode de fonctionnement mental lui permet de passer d'une habitude acquise par hasard à des choix plus efficaces, déterminant ainsi une véritable autonomie qui s'oppose à l'idée de « don », de l'aptitude ou de l'inaptitude.

La théorie de la gestion mentale propose une « grille de lecture » pour comprendre et accompagner certains processus mentaux qui prennent forme au moment où se construit un apprentissage. Il ne s'agit ni de tests ni de typologies de l'apprenant, mais un moyen de réflexion sur la manière d'apprendre.

La gestion mentale est un savoir dont découle un savoir-faire qui n'est pas une méthodologie centrée sur la tâche mais sur la personne. C'est une pédagogie des moyens d'apprendre qui respecte les différences de fonctionnement mental. Elle définit pour chacun un itinéraire mental.

Dans ce chapitre, nous examinons le principe de base de la gestion mentale, son processus de cheminement et les gestes mentaux qui l'accompagnent avant d'exposer les applications pédagogiques de cette méthode de coaching.

1. *Principe de base de la gestion mentale : l'évocation*

La gestion mentale est une pédagogie des moyens d'apprendre qui se fonde sur la croyance que si les personnes deviennent conscientes de leurs stratégies cognitives, elles peuvent les utiliser et les enrichir volontairement. Son principe s'articule autour de l'évocation, activité qui peut se manifester de manière visuelle ou auditive, relever de notre inconscient comme d'un travail conscient.

1.1. La notion d'évocation

Evoquer un objet réel, c'est lui donner une existence mentale de façon consciente. La personne contacte cet objet par l'un au moins des cinq sens extéroceptifs (vue, ouïe, toucher, odorat, goût). Elle prend conscience de l'existence de cet objet en se donnant intérieurement une évocation qui peut être visuelle (image iconique, dessin...), auditive (bruit, son...), verbale (paroles, commentaires...) ou tactilo-kinesthétique (ressenti de toucher...). On peut définir l'évocation comme une représentation mentale de ce qui a été perçu.

Le comportement évocatif se différencie selon que l'on est acteur ou spectateur. Certains sont acteurs dans leurs évocations et parlent *à la première personne*. D'autres sont spectateurs et évoquent à la *troisième personne*. Les évocations revêtent plusieurs formes que nous présentons en expliquant leur cheminement.

1.1.1. Les évocations visuelles et auto-visuelles

Certains d'entre nous s'appuient sur des évocations faites d'images visuelles. Pour être attentive, la personne doit transformer le message perçu, quelle que soit sa source perceptive, en images mentales visuelles. Il en va de même quand elle va chercher des souvenirs qui lui reviennent sous forme d'images sur lesquelles s'appuie sa mémoire.

Prenons l'exemple d'un petit enfant chez qui la tendance visuelle l'emporte nettement. On veut lui apprendre le mot « voiture ». On lui montre l'objet (ou une miniature, un dessin, une photo, une gravure le représentant) sans le nommer. Il en évoquera l'aspect et quand il l'aura dans sa tête, on prononcera le mot correspondant. Immédiatement, l'enfant greffera le mot « voiture » sur le support visuel, sur l'image qu'il a du mot.

Il existe deux tendances dans le mode d'évocations : visuelles et auto-visuelles. Dans la première, la personne reste extérieure aux évocations que constituent ses images mentales ; c'est en quelque sorte comme si elle était devant une image intérieure qu'elle a pue prendre directement, telle qu'elle lui a été proposée. Elle a donc des évocations visuelles directes. Dans la seconde, la personne est plus impliquée dans son évoqué visuel. Elle personnalise mentalement les images qu'elle intègre à sa manière. Elle peut se voir présente sur ces images ou revoir les images qu'elle a elle-même produites (revoir des notes, des règles, des schémas, des cartes, etc.). Il s'agit d'évocations auto-visuelles.

En géométrie par exemple, quand on demande à un enfant, dont le canal sensoriel visuel est dominant, ce qu'est un triangle, il reproduira sans problème le dessin qui convient et dira « tu vois, c'est quelque chose comme ça : on fait trois traits et ça fait un triangle ».

1.1.2. Les évocations auditives et auto-auditives

Certains d'entre nous s'appuient sur des évocations faites de sons ou de mots entendus voire réentendus mentalement. Pour être attentive auditivement, la personne a besoin de transformer le message reçu en un discours intérieur ou en sons, indépendamment de la source perceptive qui s'offre à elle (visuelle, auditive, tactile, etc.). Lorsqu'elle fait appel à sa mémoire quand elle produit un raisonnement ou invente une histoire par exemple, la source de ses évoqués est faite d'un commentaire qui se déroule à l'intérieur de sa tête. L'activité mentale dans le mode auditif s'apparente au déroulement d'une bande sonore.

Dans les évocations auditives, on distingue celles qui sont directes lorsque la personne peut réentendre les sons, les voix ou les commentaires qui ont été produits à un moment donné, de celles qui sont auto-auditives quand la personne fait intérieurement un commentaire à partir de sa propre voix, comme par exemple se redire des choses ou se poser intérieurement des questions.

Quand on présente à un petit enfant, qui se range dans le camp des auditifs, un camion, il ne va pas reconnaître la structure visuelle de cet objet. Il va donc attendre que le mot « camion » soit prononcé pour le retenir. Dans le prolongement de son évocation auditive, et grâce à ce support auditif, il codera visuellement la représentation du camion.

Pour apprendre à un enfant auditif à dessiner un triangle, plutôt que de lui demander de reproduire l'image d'un triangle, il est préférable de lui donner des consignes qu'il puisse entendre et mémoriser. Dites-lui par exemple : « *dessine deux droites qui se croisent. Bien. Dessine maintenant une autre droite qui coupe les deux autres. Colorie la partie de la feuille qui est à l'intérieur de la figure que tu as vue apparaître... C'est cela un triangle* ». Pour retrouver son triangle, notre jeune auditif saura très bien se « *redire mentalement (à voix basse éventuellement) la petite histoire qui l'a amené au but recherché.* ».

1.1.3. Les évocations mixtes

De nombreuses personnes s'appuient sur une alternance d'évocations visuelles et auditives. Cependant, beaucoup d'entre nous trouvent des images ou des sons confusément mêlés dans leurs évocations et ont, d'emblée, du mal à se situer, ce qui est inconfortable. Dès lors, il faut distinguer entre les évocations de base, déjà installées, et les évocations nouvellement construites. Il importe de toujours chercher à explorer la première évocation, comme par exemple une image ou un son, car c'est elle qui permet de déclencher toutes les autres.

1.1.4. Les évocations errantes

Elles sont infructueuses pour l'apprentissage car elles distraient et éparpillent l'apprenant qui peut alors se plaindre de problèmes de concentration. Exemple : évocation d'un souvenir de vacances quand l'élève cherche à se concentrer sur l'énoncé d'un exercice.

1.1.5. Les évocations dirigées

Elles peuvent être dirigées par l'enseignant ou par l'apprenant. Dans le deuxième cas, l'apprenant acquiert son autonomie pédagogique. Antoine De La Garanderie estime qu'il y a deux « milieux » qui constituent les « lieux » au sein desquels l'intuition peut se produire : l'espace et le temps. Le sujet visuel se donne souvent le cadre d'une représentation spatiale pour comprendre une chose, si abstraite soit-elle. Le sujet auditif ou verbal a besoin d'agencer dans le temps ce dont il cherche à saisir le sens.

Dans le processus d'apprentissage, Antoine De la Garanderie (1980)[33] estime que les habitudes évocatives sont à l'origine des aptitudes. Par conséquent, « *l'aptitude scolaire est le résultat de l'efficacité évocative* ». L'idée sous-jacente est qu'en apprenant aux enfants à évoquer, nous révélons leurs aptitudes.

Lire ne signifie pas évoquer. Ainsi par exemple, quand on demande à un élève de relire son cours de géographie, il perdra tout le temps qu'il y passera s'il ne fait que voir la succession de mots, de croquis, de photos qui défilent

---

[33] Antoine DE LA GARANDERIE, *Les profils pédagogiques*, Editions Le Centurion, Paris, 1980.

sous ses yeux. Pour retenir, il faut « évoquer » : on ne retient que ce qu'on évoque. En effet, évoquer, c'est faire exister dans sa tête (c'est-à-dire mentalement) ce que nous avons vu, entendu, touché, etc. ; c'est donc faire revivre mentalement quelque chose que nous venons de vivre. Si l'activité d'évocation est importante, quand intervient-elle et sous quelles formes ?

L'étude menée par Antoine De la Garanderie sur les méthodes personnelles de travail des bons élèves au cours de conversations pédagogiques montre que tous les élèves qui réussissent effectuent d'eux-mêmes, plus ou moins sciemment, une étape intermédiaire qui est celle de l'évocation. Trois phases caractérisent le processus allant de la présentation de l'information à son usage en passant par son codage perceptif.

Figure 11.   L'évocation dans l'apprentissage

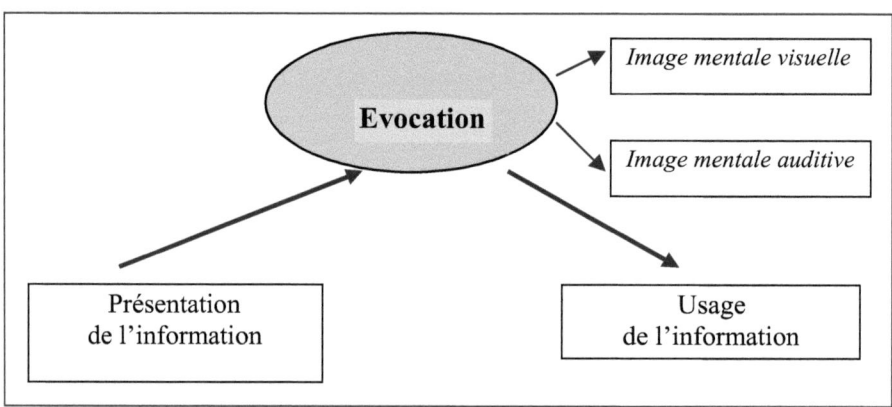

La présentation de l'information aboutit au codage perceptif car elle joue sur l'impression des organes sensoriels. On peut réunir présentation et perception au sens de Jean Piaget[34] : « *la perception est la connaissance que nous prenons des objets ou de leurs mouvements par contact direct et actuel, tandis que l'intelligence est une connaissance subsistant lorsque augmentent les distances spatio-temporelles entre le sujet et les objets.* ». De la même façon que nous avons des habitudes évocatives, nous avons des habitudes perceptives qui influencent sûrement les processus d'acquisitions cognitives. C'est pourquoi le soin porté à la présentation constitue un tremplin pour passer à l'évocation. Dans cette phase, l'évocation constitue le moyen dont dispose le cerveau pour opérer le glissement du perceptif au cognitif. Elle est nécessaire au codage d'une information perçue. Lors de la troisième étape, l'information sera

---

[34] Jean PIAGET, *Encyclopédie universalis*, Paris, Corpus 17, 1990.

restituée selon un mode autre que celui de ses habitudes mentales. Il s'agit du mode du savoir-faire.

1.2. La relation évocation-attention

L'analyse de la relation évocation-attention nous permet d'appréhender les conditions d'une évocation réussie et les raisons d'une évocation difficile.

1.2.1. Les conditions d'une évocation réussie

Selon Antoine De La Garanderie (1989, p. 98), « *il ne suffit pas de vouloir être attentif pour l'être* »[35]. En effet, si la personne se contente de vouloir être attentive, elle tombe dans une équivoque mentale : le véritable objet de l'attention est alors la volonté d'attention et non l'information elle-même. Un geste réussi d'attention nécessite une bonne vue, une bonne audition et une bonne maturation fonctionnelle de son système perceptif. En outre, l'évocation s'inscrit dans une alternance entre le perçu attentif et le perçu inattentif, entre la conscience du projet d'évocation et la vacance de projet.

1.2.2. Les raisons d'une évocation difficile

Antoine De La Garanderie (1990, p. 83)[36] décrit deux types de personne qui risquent d'être en échec dans une étape importante :

- les personnes dont les réactions sont de type sensori-moteur à qui nous répétons : « *Mais réfléchis donc avant de faire !* ». En réalité, ces personnes fuient dans l'action pour échapper à l'activité de mentalisation perçue par elles comme stressante ; elles ont tendance à faire plutôt que réfléchir ;
- les personnes dont les réactions sont de type sensori-émotif et qui sont englouties dans leurs émotions paralysantes sans parvenir à en sortir. Nous pouvons les aider en cherchant, par le dialogue, à les rendre conscientes du rôle que jouent leurs réactions dans leur apprentissage.

---

[35] Antoine DE LA GARANDERIE, *Défense et illustration de l'introspection au service de la gestion mentale*, Editions Le Centurion, Paris, 1989.
[36] Antoine DE LA GARANDERIE, *Pour une pédagogie de l'intelligence*, Editions Le Centurion, Paris, 1990.

Il importe de valoriser chez les premières personnes le vécu corporel et chez les secondes la richesse émotionnelle. Différentes techniques de concentration leur permettront de progresser dans ce sens.

2. *Les habitudes évocatives et leur cheminement*

Les domaines évocatifs ont été classés par De La Garanderie en quatre catégories qui sont de « véritables paramètres pédagogiques » :

- le paramètre 1 (P1) concerne les évocations du quotidien qui sont relatives au réel concret (objets, gestes, scènes, etc.) ;
- le paramètre 2 (P2) permet l'accès aux codes symboliques, aux mots, aux chiffres, à ce qui est appris « par cœur », aux automatismes, etc. ;
- le paramètre 3 (P3) qui est celui de la logique, du raisonnement, de ce qui est structuré ;
- le paramètre 4 (P4) est celui de l'inédit, des innovations, de l'improvisation, des découvertes, des inventions.

Le contenu des évocations du paramètre 1 est en référence au vécu, au concret. Les êtres, les scènes, les gestes, les choses sont saisis tels quels, avec des caractères très généraux. De nombreux apprentissages reposent sur la fidélité à une image objective, à des gestes, scènes, objets, etc., associés à d'autres formes de raisonnement.

Les composantes du paramètre 2 constituent des acquisitions dans lesquelles aucun tri n'est effectué. Ce qui est appris en P2 l'est intégralement en bloc (table de multiplication, l'orthographe, etc.). L'école primaire sollicite souvent le P2, car il est indispensable d'avoir en tête un certain nombre de données apprises par cœur et automatisées, cela permet de libérer son activité mentale à d'autres fins. Certains apprenants peuvent directement apprendre par cœur (P2 dominant) ; ils ont ainsi des compétences particulières et mémorisent intégralement et sans effort des textes, des mots, des images. D'autres ne le pourront qu'après être passés d'abord par des évocations du quotidien (P1), par la compréhension (P3) ou par l'imagination (P4). Cependant, la personne qui ne s'appuie que sur des apprentissages mécaniques ou appris par cœur (P2) va se trouver en difficulté chaque fois qu'on lui demande d'opérer un tri, de faire une synthèse ou d'improviser !

Le paramètre 3 (P3) est « privilégié » à l'école surtout à partir du Cycle d'orientation ou du Collège. C'est le paramètre de la logique, de la réflexion, de l'esprit de synthèse et de tout ce qui est structuré. Dans le P3, on peut adopter différentes démarches méthodologiques :

- la démarche analogique : aller du particulier au particulier ; opposer ou composer ;
- la démarche inductive : aller du particulier au général, de l'exemple à la règle ;
- la démarche déductive : aller du général au particulier, de la théorie à l'exemple ;
- la capacité à faire des plans, des classements, à organiser, etc.

On remarque toutes les compétences en termes de logique et de raisonnement qui caractérisent l'apprenant qui se trouve dans cette posture. Cependant, si une personne fonctionne exclusivement dans ce mode de pensée et ne fournit que des raisonnements (P3 dominant), il se trouve cantonné à des tâches très précises. Il peut aussi être en difficulté s'il s'agit d'apprendre par cœur (P2), observer avec précision (P1) ou improviser (P4).

Le paramètre 4 (P4) est celui de l'imagination. Il est souvent difficile à évaluer et impossible à normaliser. L'individu qui fonctionne en P4 ne pose pas les problèmes de manière classique ; il s'intéresse à l'imprévu, à l'inédit, au non conforme. Ce paramètre est celui des découvertes et des inventions qui sont la plupart du temps le résultat d'interrogations inattendues sur les objets de perception qui nous entourent. Deux tendances individuelles peuvent émerger dans le P4 :

- les découvreurs cherchent, dans ce qui les entoure, la réponse cachée à de nouvelles connaissances, à de nouvelles hypothèses ;
- les inventeurs cherchent ce qui n'existe pas encore ; ils cherchent comment faire et comment améliorer ce qui existe déjà.

Chaque paramètre peut être précieux ou au contraire stérile. Plus l'activité mentale se fait en souplesse d'un paramètre à l'autre, plus l'individu a de chance de s'adapter à de nombreuses situations, quel que soit l'ordre proposé pour opérer. Pour l'apprenant en difficulté, le passage par le paramètre dominant est le meilleur moyen pour déclencher à nouveau une dynamique vers les autres paramètres. C'est la gestion de ce qui est reconnu comme une ressource pour l'individu qui va devenir la plaque tournante des autres ressources oubliées ou en « jachère ».

Le praticien de la gestion mentale doit faire preuve de connaissances de la psychologie de l'apprenant, disposer d'une grande faculté d'écoute et d'adaptation quant à sa manière de travailler, l'amener à recomposer son itinéraire mental en partant de son paramètre dominant et en s'appuyant sur lui pour enfin lui permettre d'utiliser ses ressources.

3. Les gestes mentaux

Le geste mental est une activité mentale composée de l'attention, la mémorisation, la compréhension, la réflexion et l'imagination.

3.1. Le geste d'attention

Il est admis qu'un individu incapable de mobiliser son attention a bien peu de chance de réussir. Pourtant, si un apprenant rencontrant cette difficulté demande des explications, les réponses qui lui seront données se limiteraient souvent à lui suggérer de bien regarder, bien écouter, se concentrer, mieux dormir, etc. ; ce sont des conseils difficiles à mettre en pratique sur la base de la simple volonté. Que veut dire par exemple se concentrer ? L'apprenant en difficulté a besoin d'informations, de renseignements plus précis et mieux adaptés.

Etre attentif c'est transformer en évocation ce que l'on perçoit avec ses cinq sens. C'est donc procéder à un codage qui permet à l'apprenant d'orienter son activité mentale. Faire attention, c'est selon la situation dans laquelle on se trouve :

- ➢ voir pour re-voir dans sa tête ;
- ➢ entendre pour ré-entendre dans sa tête ;
- ➢ voir pour se raconter dans sa tête ;
- ➢ entendre pour s'illustrer mentalement ce qu'on entend.

L'attention est un geste à enseigner, car l'apprenant ne sait souvent pas comment s'y prendre au moment où il lui est demandé de faire attention. Ainsi, il se demandera s'il faut être attentif ou bien s'il faut se concentrer pour être attentif, d'où le risque d'orienter son activité mentale dans une mauvaise direction.

Des personnes pratiquent le geste d'attention sans en avoir conscience ou font tout à la fois, c'est-à-dire revoient ce qu'ils voient pour ceux qui maîtrisent bien le codage visuel, réentendent ce qu'ils entendent pour ceux qui affectionnent le codage auditif. D'autres personnes n'hésitent pas à imaginer plus que ce qu'ils entendent et / ou commenter plus que ce qu'ils voient ! On aurait donc tort de penser que le geste d'attention aboutit à une reproduction mentale pure et simple de ce qui est perçu. En fait, l'image mentale est déjà le résultat d'un travail de perception fait de filtrage, de sélection et de codage de l'information reçue.

Dans une classe, certains apprenants ne parviennent pas à focaliser leur attention tant que l'enseignant parle. Ils deviennent mentalement actifs dès que l'on utilise le tableau ou un autre support écrit ou s'éveillent dès qu'on pratique une expérience. D'autres par contre, peuvent être attentifs à un discours tout en dessinant ou gribouillant sur une feuille par exemple ; ils sont capables de restituer la quasi-totalité de la leçon qu'ils viennent d'entendre.

Prenons un exemple concernant l'attention. Que dira le parent, non initié à la gestion mentale, face à un enfant distrait, rêveur, « *Sois attentif !* ». « *Comment faire pour être attentif ?* », se dira l'enfant. « *Concentre-toi !* », répondra le parent. Cette réponse n'aide toujours pas l'enfant. L'enfant sait que lorsqu'il ne comprend pas un mot, il y a le dictionnaire pour l'éclairer. Il cherche le mot « attention » et voici ce qu'il lit : « orientation mentale élective, comportant un accroissement d'efficience dans un certain mode d'activité avec inhibition des activités concurrentes » (Henri Piéron, 2000, p. 31)[37]. Quel parti un enfant ou même un adulte peut-il tirer de cette définition ? Comment faire pour obtenir cette orientation mentale élective ? Vous l'avez compris : entre la consigne formelle de l'adulte (parents, enseignants, etc.) et le dictionnaire savant, il y a un vide.

On demande aux élèves d'être attentifs mais on ne les éclaire pas sur la manière de réaliser cet acte. La gestion mentale essaie de combler ce vide en donnant à chacun l'intelligence de ses moyens et en expliquant comment faire pour être attentif, mémoriser, comprendre, réfléchir, imaginer.

Voici ce qu'il aurait fallu dire à l'enfant : « *Cette leçon d'histoire qui est là devant toi et que tu dois apprendre, il ne suffit pas de la lire et de la relire plusieurs fois pour qu'elle s'inscrive machinalement dans ta tête* ». La gestion mentale fait la différence entre la perception (cinq sens) et l'évocation (représentation mentale). « *Pour être attentif à ce que tu lis, il faut faire vivre*

---

[37] Henri PIERON, *Vocabulaire de la psychologie*, Paris, PUF, 2000.

dans ta tête cette leçon que tu as à apprendre ». On peut la faire vivre avec les mots du texte, avec ses propres mots, avec des images, avec des schémas, en la réécrivant, en la dessinant, etc.

« *Pour la mémoriser, il faut que tu saches à quoi cela va-t-il te servir ?* ». Il doit donc y avoir un projet de restitution : « *Il faut que tu t'imagines en train de répondre aux questions du contrôle que tu auras demain. Tu apprends alors pour répondre aux questions du contrôle* ». Ce projet va donner une orientation à l'apprentissage.

Lorsque l'enseignant connaît le mode de fonctionnement mental de ses élèves, certains comportements de ces derniers lui deviennent intelligibles. Quand les apprenants savent ce qu'ils ont à faire pour être attentifs, cela les dynamise mentalement.

3.2. Le geste de mémorisation

La mémoire est la « *faculté de conserver et de rappeler des états de conscience passés.* »[38]. Elle consiste à partir d'un objet de perception, à réaliser un codage mental et à placer cet évoqué dans une situation de réutilisation. Elle stocke donc des évoqués.

Le geste de mémorisation s'articule avec le geste d'attention volontaire ou involontaire qui prélude à l'activité mentale. Selon Antoine De La Garanderie, l'acte de mémoriser c'est lancer dans l'imaginaire de l'avenir ce que l'on veut y retrouver.

Le geste d'attention, la projection dans l'avenir, l'aller-retour entre le perçu et l'évoqué constituent les trois étapes de la mémorisation. En effet, l'apprenant se place en situation de perception avec le projet d'évoquer (le geste d'attention). Ensuite le geste de mémorisation s'opère dans l'imaginaire de l'avenir, comme par exemple quand l'élève s'entraîne à réciter une table de multiplication de quatre, c'est-à-dire à s'imaginer dans une situation où il aura besoin de ce qu'il apprend ; s'il a codé sa table de quatre sur le mode visuel, il sera important de placer ce codage dans un imaginaire de récitation orale. Enfin, des aller-retour entre l'objet de perception et les évoqués de cet objet seront

---

[38] Le Robert, *Dictionnaire alphabétique et analogique de la langue française*, Editions Le Robert, Paris, 1977.

nécessaires jusqu'à ce que la personne installe la nouvelle connaissance avec une précision suffisante.

Antoine De La Garanderie a insisté dans ses travaux sur ce qu'il appelle la loi de la perte provisoire des acquis antérieurs en cas d'acquisitions nouvelles. En effet, des connaissances semblent « disparaître » du champ de la mémoire au moment où une personne acquiert des notions nouvelles plus complexes. Par exemple, on observe, quand on rédige manuellement un texte, une dégradation de l'orthographe après un long usage du traitement de texte qui corrige automatiquement les erreurs. L'enseignant, le parent et l'élève sont rassurés de savoir que ces dégradations sont en général temporaires et que les acquis antérieurs peuvent devenir à nouveau disponibles.

Dans le geste de mémorisation, certains apprenants préfèrent le « su » par interprétation qui exige la compréhension au « su » par cœur. Enfin, les conditions d'une bonne mémoire sont :

- le désir de retenir ;
- la compréhension de l'information ;
- la structuration de l'information ;
- le repérage des habitudes de son cerveau (canal perceptif privilégié) ;
- l'entraînement à la mémorisation ;
- prendre soin de sa mémoire (repos, pause, etc.) ;
- la représentation de l'utilisation future des données à mémoriser.

En somme, il importe de repérer les stratégies qui marchent pour les mémoriser et les réutiliser sans oublier de réactiver en permanence sa mémoire pour la conserver.

3.3. Le geste de compréhension et de réflexion

Le geste de compréhension suppose de donner du sens à l'objet de perception. Le geste de réflexion implique la convocation de connaissances déjà acquises en lien avec l'objet de perception. Pour comprendre, la personne commence par faire attention, c'est-à-dire par regarder, écouter. Ensuite, elle confronte l'évocation qu'elle vient de construire à l'objet de perception en émettant des jugements de comparaison qui préludent à « l'intuition de sens ».

Dans le geste de compréhension, on peut soit comprendre pour appliquer un schéma opératoire conduisant à résoudre un problème de mathématiques par exemple (démarche inductive), soit comprendre pour expliquer le processus amenant un résultat donné (démarche déductive). Un apprentissage complet permet de compléter la compréhension-application par la compréhension-explication.

Prenons l'exemple de la maîtresse qui raconte une histoire. Certains petits enfants comprennent les mots, les mettent dans leur tête et forts de ce support évocatif, comprennent et mémorisent l'histoire. Ils ont fait un geste d'attention et peuvent généralement la raconter à leur tour de manière satisfaisante. Par ailleurs, il y a tous ceux qui ont bien perçu les mots, ont même compris l'histoire si elle est simple, mais sont absolument incapables de la mémoriser. Inutile de leur demander de la raconter car ils ne s'en souviennent pas, ils ne l'ont pas mise dans leur tête. Pourquoi ? C'est simple : ils n'ont pas eu d'images « visuelles » de cette histoire à gérer. Comment aurait-il fallu procéder ? Au fur et à mesure qu'elle racontait l'histoire, la maîtresse aurait pu la mimer, utiliser des illustrations, des images ou encore dessiner au tableau les personnages qui jouaient un rôle et les montrer du doigt quand ils entraient en scène. Ainsi, les petits enfants au canal visuel dominant auraient pu se fabriquer des évocations visuelles et, sur ce support absolument indispensable, plaquer le scénario qui aurait pu alors être mémorisé et reproduit ensuite.

En ce qui concerne le geste de réflexion, il consiste à mettre en relation l'évoqué du problème qu'on veut résoudre avec les évoqués de tout ce qui peut concourir à la solution. La réflexion est une opération mentale qui s'effectue en trois étapes :

> - la mise en évocation de l'énoncé d'un problème de mathématiques par exemple ;
> - la convocation d'anciens évoqués mémorisés susceptibles d'aider à résoudre le problème ;
> - le va-et-vient mental entre l'évoqué de la question et les évoqués stockés, pour les confronter jusqu'à la découverte de la réponse ou de la formule permettant de résoudre le problème.

Des blocages peuvent se produire à chacune de ces étapes, notamment quand il y a manque d'attention et de concentration.

3.4. Le geste d'imagination

Le geste d'imagination est toujours sous-tendu par un projet qui le distingue de la rêverie vagabonde. Par l'imagination, certaines personnes visent la découverte, d'autres l'invention. Les découvreurs cherchent dans la réalité qui les entoure la présence « d'une réponse cachée ». Pour cela, ils gardent mentalement mobiles leurs évoqués jusqu'au moment de leur découverte. Les inventeurs, eux, s'interrogent sur l'absence de ce qu'ils vont inventer en utilisant ce qu'ils ont repéré dans leur environnement pour le transformer, l'améliorer ; ils matérialisent ce qu'ils recherchent par l'image anticipée et donc virtuelle du résultat.

Dans le processus d'imagination, la personne peut soit se représenter, mais à sa manière, l'objet perçu, soit reproduire à l'identique cet objet. Dans ce dernier cas, on dira de la personne « *qu'elle n'a pas d'imagination* ». En matière d'apprentissage, l'enseignant ou l'éducateur doit inviter l'apprenant à écouter, à regarder, avec non seulement l'exigence de fidélité à ce qui lui est présenté, mais en y apportant aussi ce que lui-même ressent, estime et imagine.

4. *Les applications pédagogiques de la gestion mentale*

Nous présentons deux exemples d'intervention dans lesquelles nous avons utilisé la gestion mentale pour permettre à l'apprenant d'atteindre ses objectifs d'apprentissage. Cette méthode est choisie pour amener les apprenants à recomposer leur itinéraire mental en partant de leur paramètre dominant. Cela leur permettra d'utiliser leurs ressources et compétences.

4.1. Premier cas

Alex, 14 ans, en 8ème année du Cycle d'orientation.

4.1.1. Présentation du cas

Alex se plaint de problèmes de mémoire ; il est en difficulté lorsqu'il doit apprendre une leçon « par cœur ». Par contre, il reconnaît être bon en raisonnement et en compréhension.

Alex n'écoute pas quand ses enseignants expliquent verbalement une démarche en mathématiques ou une règle de grammaire par exemple. Cependant, il suffit qu'il regarde une formule de maths ou une règle de grammaire écrite au tableau pour qu'il se la représente dans sa tête, c'est-à-dire pour la revoir en pensant au moment où il va l'appliquer (évocations visuelles). Par ailleurs, il n'arrive pas à apprendre par cœur une leçon car cela « *l'ennuie* ». Alex manifeste de grandes capacités d'attention et de réflexion. Il enregistre des connaissances qu'il utilise dans des applications en maths ou en grammaire, mais non dans la récitation des leçons. De ce fait, il « *ne manque pas de mémoire* » comme il le prétend. Son objectif : trouver le moyen lui permettant de retenir sa leçon

4.1.2. Démarche d'apprentissage

J'ai accordé 40 minutes à Alex pour apprendre sa leçon sur l'agriculture genevoise. Pour ce faire, je lui ai donné le texte et la carte du canton de Genève indiquant les régions agricoles. L'élève a parcouru la leçon pendant 20 minutes ; ensuite, il a regardé longuement la carte comme pour la photographier avec l'intention peut-être de la revoir dans sa tête afin de la réciter. Une fois le temps écoulé, je lui ai demandé de me présenter oralement l'agriculture genevoise en évoquant ce qu'il aurait retenu de la carte.

Présentation orale de l'agriculture genevoise par l'élève

Alex a évoqué les limites géographiques du canton de Genève ; il a situé les zones agricoles sans pouvoir chiffrer le nombre d'hectares de surfaces agricoles ni le nombre d'exploitations professionnelles. En ce qui concerne les types de culture, il a abordé la production viticole et céréalière.

Lors de cette présentation, l'apprenant a attendu que, dans sa tête, la carte photographiée mentalement lui revienne à l'esprit. Une fois présente, il l'a récitée en évoquant les couleurs utilisées sur la carte pour localiser les zones viticoles et celles réservées à la production de céréales. Son vocabulaire restait pauvre, les phrases ne s'enchaînaient pas. Il s'exprimait ainsi :

« *A Genève, y a le lac... autour y a des montagnes. Là où y a les vignes c'est vers Satigny, Choully, Dardagny, Lully, Céligny, Choulex, Jussy... Les céréales sont cultivées autour de Genève à Bernex, Soral, Laconnex, Avusy... Genève est riche en agriculture. Il produit beaucoup de vins et de céréales...* ».

Nous remarquons, à travers cet exemple, que le récit de l'élève est insuffisant ; il fait l'impasse sur de nombreuses informations contenues dans le texte concernant les conditions agricoles dans le canton de Genève comme le climat, l'ensoleillement, les types de sol, les techniques culturales, la diversité agricole. Il a évoqué certaines zones de viticulture et de production céréalière sans toutefois préciser les variétés de céréales.

Présentation cartographique de l'agriculture genevoise par l'élève

Face à cette présentation pauvre en informations, j'ai invité l'élève à dessiner la carte de l'agriculture genevoise. Ainsi, il a réussi à présenter :

➢ les surfaces viticoles ;
➢ les surfaces céréalières ;
➢ les zones de production de colza.

Il a également nommé les zones de localisation de ces cultures et bien situé les montagnes et le lac sur la carte.

4.1.3. Analyse pédagogique et propositions

Alex est un élève qui utilise sa mémoire visuelle dans la perspective de restituer ce qu'il a enregistré lorsqu'il fait ses devoirs ou passe un examen. Il a tendance à :

➢ photographier les mots et les symboles ;

> enregistrer visuellement le déroulement d'une démarche en maths ou en grammaire-conjugaison pour l'appliquer dans les exercices.

Cependant, quand il doit apprendre une règle, un texte ou développer un thème comme celui de l'agriculture genevoise, il se trouve dépourvu de moyens. Il a fallu passer par la représentation cartographique pour disposer de plus d'informations.

Mon coaching a consisté à laisser l'élève opérer comme il a l'habitude de le faire : lecture du texte et de la carte puis évocation des éléments qu'il enregistre (montagnes, lac, zones viticoles, céréalières et de colza). Ensuite, je lui ai demandé de raconter ce qu'il a mémorisé sans se préoccuper du texte du cours que je lui ai donné. A la fin, je l'ai sollicité à relire la leçon en la confrontant avec le récit qu'il venait de faire. Ainsi, l'élève s'est aperçu des différences entre son récit et le contenu de la leçon. Il aurait dû auparavant photographié dans sa tête, avec le projet de les retrouver, les éléments importants du texte : climat, types de culture, conditions culturales. En somme, il s'agira d'évoquer les images des choses (l'agriculture genevoise) et celles des mots (climat, cultures, etc.) et leur signification.

La proposition faite à l'élève est à sa portée. Comme il sait photographier les mots, il peut aussi le faire pour un texte à apprendre par cœur. L'essentiel est de rester dans le cadre de sa manière habituelle de faire et d'utiliser celle-ci dans la réalisation des tâches nouvelles plus complexes. Je n'ai pas proposé à l'apprenant d'écrire le texte à retenir. Ceci pour éviter qu'il ne le fasse sans évocation et sans se donner l'image mentale visuelle de ce qu'il a recopié, car dans ces conditions, il n'en aurait pas mémorisé les éléments.

En ce qui concerne le travail de dissertation, j'ai conseillé à Alex de travailler en s'aidant du dictionnaire classique et de celui des synonymes qui lui permettront de mettre des images visuelles sur les mots. Ainsi, le mot climat évoquera chez lui le temps, les saisons, la température qu'il mettra en lien avec les cultures. En outre, il est important de faire évoquer par l'élève les mots désignant les lieux et leur situation dans la carte.

4.1.4. *Feed-back* de l'élève

« *Je me rends compte que je n'écoute pas quand mes profs expliquent avec des mots. Je dois continuer à utiliser ma mémoire visuelle, comme vous le dites. Je dois lire, enregistrer et raconter tout ce que je mémorise. J'ai également pris conscience de la pauvreté de mon vocabulaire ; je dois utiliser le dictionnaire et lire plus au lieu de passer beaucoup de temps devant l'ordinateur. ».*

4.1.5. *Feed-back* du coach

Je remercie Alex pour sa participation active à la séance, pour sa concentration, sa curiosité et son investissement. Je lui recommande d'écrire ce qu'il doit retenir avec le projet de le photographier, de le mémoriser et de le restituer le moment venu. Il doit également s'appliquer à enrichir son vocabulaire en utilisant le dictionnaire.

4.2. Deuxième cas

Michel, 15 ans, en 9ème année du Cycle d'orientation.

4.2.1. Présentation du cas

Michel apprend bien ses leçons (poèmes, conjugaisons, tables de multiplication, vocabulaire français et allemand) et les récite aisément. Mais il est en difficulté lorsqu'il doit résoudre des problèmes en mathématiques. Il se dit « *faible* » et incapable de trouver la solution. Son entourage lui répète sans cesse qu'il « *apprend bêtement au lieu d'essayer de bien comprendre.* ». Son objectif : trouver comment travailler les mathématiques.

4.2.2. Analyse et recommandations

Lors de mon entretien avec Michel, j'ai constaté qu'il :

- ➢ aime apprendre ses leçons ;
- ➢ dispose d'une faculté de mémorisation ;
- ➢ épèle le mot quand il a des doutes quant à son orthographe ;
- ➢ écrit de différentes manières un mot sur une feuille de brouillon pour comparer et enfin découvrir l'orthographe juste du mot ;

> connaît les règles en mathématiques comme en grammaire, mais a des difficultés pour les appliquer.

Pour apprendre, l'élève lit ses leçons avec le projet de les répéter dans sa tête ; il s'imagine les réciter en classe. Quand il bute sur un accord, il utilise une procédure auditive (évocations auditives et auto-auditives) pour trouver la solution ; par exemple : « *les mots que j'ai lu...* », comment écrire « *lu... ?* ». Il essaie une autre phrase : « *les lettres que j'ai écrites...* ». Il en déduit alors que « *lu* » s'écrit au pluriel (lus).

Michel a des difficultés à mémoriser visuellement mais dispose d'aptitude à mémoriser auditivement. Sa mémoire visuelle est par conséquent absente. Ainsi, il fait appel à une mémoire de perception visuelle notamment quand il cherche à s'assurer de l'orthographe d'un mot en l'écrivant de plusieurs façons. Ces observations me permettent de donner quelques recommandations à l'élève :

- lire l'énoncé jusqu'à ce qu'il soit capable de le reproduire sans regarder la feuille de l'exercice ;
- répéter dans sa tête la consigne donnée pour résoudre un problème de maths ;
- évoquer visuellement la règle à appliquer ;
- revenir à l'énoncé initial de l'exercice et de vérifier s'il contient tous les éléments du problème posé ;
- se raconter le problème posé ;
- décrire ce qu'il a compris du problème et comment il compte le résoudre ;
- passer par les phases compréhension-explication verbale et compréhension-application pour résoudre un problème.

L'élève accédera à la mémorisation visuelle par le truchement des activités d'évocations auditives qui lui sont propres. C'est grâce à ce processus qu'il prendra l'habitude de passer du monde mental auditif au monde mental visuel. Enfin, il est important pour lui de regarder une règle mathématique, de se l'expliquer verbalement de manière analytique ou algébrique, de la comprendre afin d'en tirer l'application adéquate. Ainsi par exemple, il regarde un énoncé : $(4 + 9)^2$, si tôt il l'identifie avec la formule : $(a + b)^2$ et commencera par établir une relation d'identité visuelle entre la formule et ces nombres. Dans le prolongement, il voit a^2, auquel va correspondre $(4)^2$, etc. Maintenant qu'il a compris, il continue à résoudre le problème. L'élève se souvient avoir entendu dire (perception auditive) que :

$$(a + b)^2 = (a + b)(a + b) = a^2 + b^2 + 2ab$$

- ➤ il photographie la règle dans sa tête ;
- ➤ il utilise l'explication verbale donnée par le professeur ou écrite dans le manuel de mathématiques ;
- ➤ il se parle et réentend l'explication en dehors de toute représentation visuelle ;
- ➤ il se l'explique et la porte dans sa tête avec le projet de l'appliquer dans un exercice ;
- ➤ il regarde l'énoncé du problème et établit une relation d'identité visuelle entre la règle et l'exercice à faire.

Il peur alors effectuer l'opération :

$$(4 + 9)^2 = 4^2 + 9^2 + 2(4 \times 9)$$

4.2.3. *Feed-back* de l'apprenant

« *Je pensais qu'en apprenant par cœur, je n'aurai aucune difficulté en classe. Mais je sais que ce n'est pas suffisant. Je dois aussi raisonner, utiliser ce que j'entends pour m'expliquer les formules et les comprendre pour les appliquer dans l'exercice de maths par exemple.* ».

4.2.4. *Feed-back* du coach

Michel s'est bien impliqué dans ce travail. Il a montré de bonnes capacités d'adaptation et de concentration. Il comprend quand on prend la peine de bien lui expliquer. Il a réalisé son objectif qui consistait à trouver comment travailler les maths car il a su passer du monde mental auditif au monde mental visuel. Enfin, il est important pour lui de bien visualiser une règle mathématique, de se l'expliquer verbalement et de la comprendre pour l'appliquer de manière adéquate.

Les deux exemples présentés dans ce chapitre montrent que grâce au dialogue pédagogique, les apprenants ont pris conscience de leur potentiel cognitif qu'ils n'ont pas eu jusque-là l'opportunité de gérer parce qu'ils le méconnaissaient. Sur le plan méthodologique, le dialogue pédagogique s'appuie sur diverses techniques comme :

- ➢ l'écoute active ;
- ➢ les outils de la PNL (la synchronisation verbale, non verbale et paraverbale, le métamodèle, les indicateurs physiologiques, l'ancrage, etc.) ;
- ➢ l'installation d'un climat de confiance avec le coaché ;
- ➢ le choix de partir d'une situation d'apprentissage vécue positivement par l'apprenant afin d'exploiter et de promouvoir les conditions de la réussite. En entretien individuel par exemple, nous pourrons demander à l'élève : « *Qu'est-ce que tu sais bien faire ?* », « *Peux-tu nous dire ce que tu as fait dans ta tête pour parvenir au résultat juste ?* » ;
- ➢ le recentrage des réponses sur l'évocation. Par exemple, la question : « *Si tu veux jouer ce morceau de musique, comment t'y prends-tu dans ta tête ?* » a plus de chance de faire apparaître la succession des gestes mentaux accomplis pour mémoriser le morceau de musique. Cette succession définit une structure ayant sens de projet (la restitution du morceau de musique) ;
- ➢ l'extension de la situation analysée à d'autres situations analogues. Par exemple : « *Pour retenir un morceau de musique, il y en a qui se donnent mentalement un rythme en imaginant un jeu de lumières, d'autres ré-entendent intérieurement les différentes notes ou imaginent les musiciens en train de jouer... et toi, comment fais-tu ?* » ;
- ➢ le respect du temps de l'évocation et ne pas submerger le coaché de questions ;
- ➢ l'explicitation par l'apprenant, et par ses propres mots, de ce qu'il a compris de sa démarche.

Le dialogue pédagogique fait émerger les procédures d'apprentissage utilisées et utilisables. Il permet aux apprenants de faire l'inventaire de leurs capacités et des stratégies dont ils font inconsciemment usage, de découvrir à la fois ce qu'ils font sans le savoir et ce qu'ils ne font pas parce qu'ils ne savent pas être capables de le faire.

5. *Conclusion*

La gestion mentale est un savoir qui entraîne un savoir-faire. C'est une méthodologie centrée sur l'apprenant et une pédagogie des moyens d'apprendre qui respecte les différences de fonctionnement mental de chaque individu. Elle permet de trouver des stratégies pour être attentif, pour mémoriser, réfléchir, comprendre et imaginer. Elle propose d'établir un dialogue pédagogique avec les élèves pour enrichir leurs moyens d'apprendre et favoriser ainsi leur réussite scolaire.

C'est une démarche centrée sur l'apprenant. Elle est focalisée sur la prise de conscience, par l'élève lui-même, de ses ressources mentales afin de les développer et de les enrichir par la pratique des évocations. Il est essentiel que l'élève comprenne l'importance de la démarche d'évocation dans le processus d'apprentissage.

La gestion mentale permet aussi d'orienter et d'animer les stratégies de soutien scolaire en fournissant à l'enseignant et aux parents le descriptif opératoire de ce que l'élève peut faire mentalement pour trouver la manière d'apprendre, de dépasser un état émotif paralysant (angoisse, stress) qui le pétrifie face à une épreuve, un exercice ou un exposé, d'utiliser mentalement son besoin d'agir, d'être attentif, de comprendre, de réfléchir, d'expliquer et de créer. Les parents qui s'intéressent à la gestion mentale désirent comprendre la manière d'apprendre de leurs enfants afin de pouvoir mieux les aider.

Enfin, la gestion mentale conduit à une pédagogie de la différenciation. Elle insiste sur les modalités de codage de la perception et la mobilisation des évocations pour faciliter la restitution des sujets appris.

Conclusion générale

*Tu me dis, j'oublie. Tu m'enseignes, je
me souviens. Tu m'impliques, j'apprends.*
William Shakespeare, *Macbeth*

Le coaching pédagogique est un accompagnement qui aide à comprendre comment faire et faire-faire, comment être pour faire et faire-faire. Il permet d'apprendre à mieux apprendre et à transmettre. Il tient compte des besoins du coaché (apprenant, enseignant, parent), de ses désirs, de ses motivations, de ses interrogations, de ses compétences (limitantes ou non), de ses habitudes de travail, d'organisation et de mémorisation, de ses peurs, de son angoisse, de son stress.

Il suscite le désir d'apprendre, c'est-à-dire de comprendre, de réfléchir, de mémoriser, de raisonner, d'imaginer, d'inventer, de partager, de se tromper, de dépasser l'erreur, de se remettre en question, de mobiliser ses savoirs. Il aide aussi les enseignants à transmettre autrement les connaissances et à développer des compétences d'encadrement : savoir écouter, comprendre, stimuler et évaluer. Il soutient les parents qui éprouvent des difficultés à communiquer avec leur enfant, à l'aider à faire ses devoirs scolaires, gérer son stress, mieux s'organiser. Il favorise enfin des relations interpersonnelles de qualité entre apprenant, enseignant et parent.

Le choix des techniques du savoir apprendre et enseigner s'est fait en rapport avec l'âge du coaché, sa fonction, ses difficultés, sa demande, ses attentes et ses objectifs. Ainsi, la PNL permet de saisir et de changer la manière dont les individus apprennent et communiquent. Grâce à l'entretien d'explicitation, on comprend comment une personne s'est prise pour concevoir son action et agir. La métaphore rend l'implicite plus explicite et stimule l'imagination du coaché. Enfin, la gestion mentale permet à l'apprenant de découvrir son mode de fonctionnement mental et de trouver des pistes pour mieux comprendre et apprendre autrement.

Le recours à la PNL et à la gestion mentale dans ce travail n'a pas pour but de les confronter ou de les opposer, mais de puiser dans les outils de chacune des ces approches afin de permettre au coaché de prendre conscience de ses ressources, de ses potentialités, de son cheminement mental pour travailler mieux et surmonter une difficulté d'apprentissage ou de transmission des connaissances.

La PNL et la gestion mentale peuvent être complémentaires car elles reposent sur des possibilités d'interventions convergentes comme :

- La recherche du comment et pas du pourquoi. Le « quoi » et le « comment » sont privilégiés. Quelles sont les habitudes mentales, comment en prendre conscience, comment les accompagner vers une évolution ou un changement ?
- Le travail sur la carte mentale : la carte mentale explique les comportements comme les habitudes mentales rendent compte des capacités et aptitudes scolaires.
- L'approche de la vie mentale au-delà des cinq sens : en recourant au système perceptif en PNL, on recherche la composition de la représentation mentale. Quant à l'évocation en gestion mentale, elle constitue une représentation mentale de ce qui a été perçu.
- La modélisation : on modélise en PNL les stratégies d'excellence et en gestion mentale les processus mentaux efficaces.
- La quête de la remédiation : grâce à l'écoute active et aux outils de la PNL, notamment l'intégration de la synchronisation non verbale lors du dialogue pédagogique, l'accompagnateur va aider le coaché à faire émerger sa solution et apprendre à piloter son cerveau.

A travers les exemples présentés, nous avons montré qu'un enfant qualifié de « *nul* », « *sans mémoire* », « *sans imagination* », « *dépourvu de capacité de raisonner ou de s'exprimer* » n'existe pas. De même, la perte de confiance en soi chez un enseignant ou un parent qui se sent incapable de transmettre les savoirs ou d'aider son enfant à faire ses devoirs n'est pas synonyme d'incompétence. Chacun est tenu d'apprendre de ses échecs et de ses erreurs qui ne doivent pas être associés à des sentiments de culpabilité, de honte, d'impuissance et de résignation.

Apprenants, enseignants, psychologues, éducateurs, parents et toutes les personnes intéressées par l'accompagnement scolaire trouveront dans cet ouvrage des outils de compréhension et d'action. Mais avant tout, ils trouveront les attitudes, l'état d'esprit et la posture à adopter dans le cadre de cette démarche.

Grâce au coaching pédagogique, le parfait de l'état désiré se substituera à l'imparfait du présent.

Glossaire

Accès oculaire
Déplacements des yeux permettant d'accéder à une carte mentale interne. Ces déplacements correspondent à des pensées visuelles, auditives ou kinesthésiques.

Analogique
Correspond à une communication ou une représentation non codée.

Ancrage
Association d'un stimulus et d'une émotion. C'est une technique PNL permettant de retrouver rapidement des émotions positives ou d'amoindrir les négatives à partir de stimuli (VAKOG) provoqués.

Ancre
Stimulus qui déclenche une réponse.

Association
Elle signifie que la personne est associée de façon émotionnelle et permet de ressentir une émotion similaire. Il est utile d'être associé pour s'impliquer, créer de l'énergie, de la motivation, accéder à des ressources émotionnelles.

Calibration
Processus consistant à repérer les indicateurs comportementaux lors d'une interaction en observant la posture, l'inclinaison du corps et de la tête, les mouvements, le ton de la voix et son débit, le rythme, les poses et les prédicats (mots, verbes, adjectifs sensoriels).

Congruence
Etre congruent c'est avoir une démarche verbale et une démarche non verbale qui coïncident.

Croyance
Généralisation qui structure l'expérience subjective de la réalité.

Dialogue interne
La personne se parle à elle-même de sa propre voix ou par l'intermédiaire de sa « petite voix intérieure ».

Digital
Correspond à l'usage d'un code comme le langage où chaque mot est lié à une signification.

Dissociation
Elle consiste à voir l'image en tant que spectateur (il n'y a pas d'émotions). La dissociation permet d'interrompre des émotions négatives, de se mettre en état d'analyser des informations, de décoder des croyances, d'enlever une charge négative liée à des souvenirs.

Distorsion
Processus de modélisation qui permet d'introduire des changements dans notre expérience. Elle favorise tout acte de créativité. Elle peut créer soit des limitations, soit des ressources.

Ecologie
Signifie que le but à atteindre doit être acceptable et cohérent aussi bien au niveau individuel que sur le plan systémique.

Etat « ressource »
C'est une expérience neurologique et physique lorsque l'on se sent dans un état interne qui débouche sur un comportement ou une attitude bien adapté à la situation que l'on doit affronter.

Explicitation
L'explicitation est un outil utilisé pour retrouver et faire décrire des souvenirs d'événements vécus, anciens ou récents, traumatiques ou heureux.

Evocation
Evoquer un objet réel (objet de perception), c'est lui donner une existence mentale de façon consciente.

Feed-back
Retour sur une action ou une information. C'est un processus structuré d'échanges qui permet de comprendre la manière dont ont été interprétés les gestes ou les paroles émis et rend possible la rectification de la communication ou des actions jusqu'à l'obtention du retour adéquat.

Généralisation
Processus par lequel une expérience spécifique en arrive à représenter toute une série d'expériences.

Geste mental
Le geste mental est une activité mentale composée de l'attention, la mémorisation, la compréhension, la réflexion et l'imagination.

Gestion mentale
La gestion mentale met en évidence la capacité de chacun à gérer ses ressources intellectuelles.

Incongruence
Avoir une démarche verbale et une démarche non verbale qui ne coïncident pas.

Langage sensoriel
C'est la conscience du monde extérieur à l'aide des cinq sens permettant des distinctions sensorielles fines au sujet des informations que l'on reçoit du monde.

Mémoire concrète
Forme de mémoire qui restitue les souvenirs « concrets », c'est-à-dire contextualisés et sensoriels.

Métamodèle
C'est un modèle linguistique qui vise à repérer dans le langage les trois processus d'Omission, de Distorsion et Généralisation. Ce modèle permet l'utilisation d'un langage précis, utile dans tous les domaines où les énoncés débouchent sur des actes et où la transmission d'informations est décisive.

Métaphore ouverte
Elle peut être définie comme la possibilité qu'a un individu de participer à l'élaboration de l'histoire ou à la solution apportée par le conteur. Cela lui permet de transposer ses expériences dans son problème.

Métaphore fermée
Elle propose à l'individu une solution à son problème. La métaphore utilisée par le conteur peut se rattacher plus ou moins subtilement à la situation du coaché.

Métaphore de surface
Dans la métaphore de surface, il y a des liens avec la situation qui est directement saisissable. Il n'y a pas de sens caché. Elle est utile pour résoudre des difficultés au niveau conscient et se construit avec des éléments réels de la situation problématique de la personne.

Métaphore profonde
Dans la métaphore profonde, les liens avec la situation de la personne ne sont pas explicités. Un soin particulier est fait pour cacher le sens de l'histoire afin d'en préserver l'effet. Cette métaphore est utile pour résoudre des conflits au niveau inconscient. Elle se construit en transposant les personnages de la réalité dans d'autres rôles en préservant, au niveau métaphorique, la situation problématique réelle.

Nominalisation
Une nominalisation est un mot abstrait pour désigner des processus, des actions qui se déroulent dans le temps et l'espace.

Non verbal
Partie de la communication faite de gestes, d'intonations, de respiration, etc.

Omission
La partie manquante d'une expérience soit dans le langage ou dans la représentation.

Opérateurs modaux
Mots qui impliquent la possibilité ou la nécessité et qui forment les règlements de notre vie, ce que nous devons faire, ce qu'il nous est possible de faire.

Paraverbal
Niveau de la communication correspondant au langage du corps (gestes, expressions du visage, postures, etc.).

Pont vers le futur
Processus qui vise à évoquer mentalement un événement avant qu'il ne se produise. C'est un des processus-clé pour s'assurer de la permanence d'un résultat, un ingrédient-clé fréquemment utilisé dans la plupart des interventions PNL.

Prédicats
Ce sont des mots ou groupes de mots utilisés pour décrire les expériences réelles ou mentales et qui indiquent les canaux sensoriels privilégiés à cette occasion.

Rapport
C'est aller à la rencontre de l'autre sur son propre terrain, en instaurant un climat de confiance avec l'interlocuteur, en créant l'effet miroir et la synchronisation.

Recadrage
Le recadrage se fait pour changer l'interprétation d'une situation ou un comportement douloureux voire inapproprié en quelque chose de précieux et potentiellement utile. Le recadrage de contexte se fait pour trouver un autre contexte où le comportement sera plus approprié. Le recadrage de signification se fait pour donner un nouveau sens au comportement présenté comme problématique.

Reformulation
Technique de communication consistant à se synchroniser verbalement dans le but de montrer à son interlocuteur qu'on l'écoute vraiment.

Ressources
Moyens dont dispose une personne pour atteindre ses objectifs et résoudre ses problèmes.

Stratégie
C'est une séquence de pensées et de comportements destinée à atteindre un objectif ou créer une expérience.

Se synchroniser
C'est adopter les caractéristiques de l'autre (comportement, attitude, mots, etc.) afin d'améliorer le rapport et de parler le même langage.

Sous-modalités
Les modalités sont les sous composantes d'une même modalité VAGOG. Elles permettent une perception extrêmement fine des représentations sensorielles.

Bibliographie

AUBERT Jean-Luc, *Une petite psychologie de l'élève*, Paris, Dunod, 2007.

BANDLER Richard et GRINDER John, *The structure of magic - tome 1*, Science et Behavior Books, Inc, Palo Alto (CA), 1975.

BECCHIO Jean et JOUSSELLIN Charles, *Nouvelle hypnose. Initiation et pratique*, Paris Epi / La méridienne, 1994.

BOURLAND David, *Linguistic Note: Writing in E-Prime*, in the General Semantics Bulletin, 1965.

CHOMSKY Noam, *Logical Structure of Linguistic Theory*, University of Chicago Press, Chicago, 1985.

DE BEZIEUX Henry Roux, *L'entretien d'explicitation en entreprise*, Paris, Dunod, 1999.

DE LA GARANDERIE Antoine, *Les profils pédagogiques*, Le Centurion, Paris, 1980.

DE LA GARANDERIE Antoine, *Défense et illustration de l'introspection au service de la gestion mentale*, Le Centurion, Paris, 1989.

DE LA GARANDERIE Antoine, *Pour une pédagogie de l'intelligence*, Le Centurion, Paris, 1990.

DEVILLARD Olivier, *Coacher*, Dunod, Paris, 2005.

EDWARD Hall T., *La dimension cachée,* Editions du Seuil, Paris, 1971.

ERICKSON Milton, *Traité pratique de l'hypnose*, Editions Jacques Grancher, Paris, 2006.

GABRIEL Gaëtan, *Coaching scolaire. Augmenter le potentiel des élèves en difficulté*, Editions De Boeck, Bruxelles, 2008.

GRUBER Howard E. et VONECHE Jacques, *The essential Piaget, An interpreteive Reference and Guide*, Jason Aranson Inc., Londres, 1995.

GUSDORF Georges, *Mémoire et personne*, PUF, Paris, 2è Edition 1993.

KANTOR David, *The Structural-Analytic Approach to the Treatment of Family Developmental Crisis. Development Theory and Structural Analysis*, in Clinical Implications of the Family Life Cycle, Aspen, 1983.

KEROUAC Michel, *La métaphore thérapeutique et ses contes (études éricksoniennes)*, Editions MKR, 2004.

KORZYBSKI Alfred Habdank, *Science and Sanity: An Introduction to Non-Aristotelian Systems and General Semantics*, In International Non-Aristotelian Library Publishing Company, New York, 1933.

LAFORTUNE Louise et DEAUDELIN Colette, *Accompagnement socioconstructiviste : pour s'approprier une réforme en éducation*, Québec, PUQ, 2001.

Le Robert, *Dictionnaire alphabétique et analogique de la langue française*, Editions Le Robert, Paris, 1977.

MEHRABIAN Albert, *Non-verbal communication*, Aldine-Atherton, Chicago, Illinois, 1972.

PERLS Fritz, *Manuel de Gestalt-thérapie*, ESF Editeur, Paris, 1973.

PETITMENGIN-PEUGEOT Claire, *Recherches sur l'explicitation de l'expérience intuitive*, Ecole Polytechnique, Paris, 1998.

PIAGET Jean, *Encyclopédie universalis*, Paris, Corpus 17, 1990.

PIERON Henri, *Vocabulaire de la psychologie*, Paris, PUF, 2000.

ROUX Jean-Paul, *Socio-constructivisme et apprentissages scolaires*, Document, IUFM d'Aix-Marseille, 2001.

SATIR Virginia, *Thérapie du couple et de la famille*, Edition Desclée de Brouwer, Paris, 1964.

TARDIF Jacques, *Pour un enseignement stratégique. L'apport de la psychologie cognitive*, Editions Logiques, Montréal, 1992.

VIAU Roland, *La motivation en contexte scolaire*, Bruxelles, De Boeck, 1994.

VERMERSCH Pierre, *L'Entretien d'Explicitation*, ESF Editeur, Paris, 1994.

VYGOTSKI Lev Semenovich, *Le problème de l'enseignement et du développement mental à l'âge scolaire*, in B. Shneuwly & J.P. Bronckart (Eds.), 1985.

WATZLAWICK Paul, *An Anthology of Human Communication*, Science and Behavior Book, 1964.

L'HARMATTAN, ITALIA
Via Degli Artisti 15 ; 10124 Torino

L'HARMATTAN HONGRIE
Könyvesbolt ; Kossuth L. u. 14-16
1053 Budapest

L'HARMATTAN BURKINA FASO
Rue 15.167 Route du Pô Patte d'oie
12 BP 226
Ouagadougou 12
(00226) 76 59 79 86

ESPACE L'HARMATTAN KINSHASA
Faculté des Sciences Sociales,
Politiques et Administratives
BP243, KIN XI ; Université de Kinshasa

L'HARMATTAN GUINÉE
Almamya Rue KA 028
En face du restaurant le cèdre
OKB agency BP 3470 Conakry
(00224) 60 20 85 08
harmattanguinee@yahoo.fr

L'HARMATTAN COTE D'IVOIRE
M. Etien N'dah Ahmon
Résidence Karl / cité des arts
Abidjan-Cocody 03 BP 1588 Abidjan 03
(00225) 05 77 87 31

L'HARMATTAN MAURITANIE
Espace El Kettab du livre francophone
N° 472 avenue Palais des Congrès
BP 316 Nouakchott
(00222) 63 25 980

L'HARMATTAN CAMEROUN
BP 11486
(00237) 458 67 00
(00237) 976 61 66
harmattancam@yahoo.fr

655894 - Mai 2016
Achevé d'imprimer par